Couvertures supérieure et inférieure manquantes

L'ILE-BARBE

ET

SES COLONIES DU DAUPHINÉ

PAR L'ABBÉ L. FILLET

Correspondant du Ministère de l'Instruction Publique.

C'est le clergé qui a fait la France, et il l'a faite en la christianisant. Mais cette œuvre n'est pas propre, il s'en faut, au clergé séculier ; le clergé régulier en a fait une large part. Les moines ont été vraiment « les défricheurs de l'Europe (1) », et notamment de la France. Bon nombre d'entre eux, se livrant d'une manière plus ou moins exclusive à la contemplation et à la prière, donnaient à la terre l'exemple de la vertu et y attiraient les bénédictions du ciel. D'autres, en plus grand nombre encore, joignaient à ces saints exercices le défrichement de la terre et d'autres travaux manuels, ou l'étude des lettres divines et humaines et les fonctions du ministère pastoral. Grâce à eux, beaucoup de localités furent habitées et cultivées, mieux même qu'elles ne le sont aujourd'hui. Grâce à eux, le pain spirituel accompagna le pain matériel. Bref, une foule d'églises, de chapelles et de paroisses de France ont été fondées et desservies par des religieux..

Ce que nous venons de dire se vérifie notamment dans les diocèses qui formaient autrefois la province du Dauphiné. Tout récemment encore on en a donné des preuves pour ce qui regarde deux de ces diocèses, celui de Gap et celui d'Embrun. Naguère étaient publiés des travaux énumérant les établissements qu'y eu-

(1) Guizot, *Histoire de la Civilisation en France*, t. II, leçon XIV.

rent les moines de Lérins (1), ceux de Montmajour (2), et les chevaliers de St-Jean-de-Jérusalem (3). Plus récemment encore, nous avons publié nous-même un opuscule faisant connaître sommairement les colonies et possessions de l'abbaye de Montmajour dans les anciens diocèses de Saint-Paul-trois-Châteaux, de Gap, de Vienne, de Grenoble, de Die et de Valence (4). Cette nouvelle étude a montré, pour sa part, combien sont vraies ces paroles de Châteaubriand : « La plupart des concessions faites aux monastères dans les premiers siècles de l'Eglise, étaient des terres vagues, que les moines cultivaient de leurs propres mains. Des forêts sauvages, des marais impraticables, de vastes landes furent la source de ces richesses que nous avons tant reprochées au clergé (5). » Nous y avons constaté encore que c'est aux religieux qu'est due la fondation d'une foule de villages, de bourgs et de villes; qu'à eux, non moins qu'au clergé séculier, est due la véritable civilisation de notre pays. Facile nous eût été, si nous étions entré dans les détails de notre sujet, de montrer la vérité, pour notre Dauphiné, des observations que le célèbre écrivain cité plus haut a faites sur les bienfaits rendus au monde, même dans l'ordre temporel, par ces religieux aujourd'hui trop méconnus (6).

Il est aussi instructif que facile de généraliser ces démonstrations. Pour y contribuer, nous continuerons la série des travaux de ce genre par les notions suivantes sur les dépendances de l'Ile-Barbe situées en Dauphiné. Nous aurons ainsi à voir ce que cette abbaye posséda dans la partie dauphinoise du diocèse de Lyon et dans les diocèses de Vienne, de Valence, de Saint-Paul-Trois-Châteaux et d'Orange, de Vaison, de Sisteron, de Die, de Gap et d'Embrun. A cause de la connexion, nous parlerons même de quelques dépendances de l'Ile-Barbe situées dans la partie non dauphinoise des neuf derniers de ces diocèses.

Rappelons d'abord en quelques mots ce qu'était l'Ile-Barbe.

(1) P. GUILLAUME, dans *Bull. de la Société d'Etudes des Hautes-Alpes*, II, 401-18.
(2) L. FILLET, *Bull.* cit., V, 361-7.
(3) J. ROMAN, *L'Ordre de Saint-Jean de Jérus. dans les Hautes-Alpes*.
(4) *Colonies dauphinoises de l'abbaye de Montmajour*. Valence, librairie Lantheaume, 1891.
(5) *Génie du Christianisme*, 4ᵉ partie, livre VI, chapitre VII.
(6) *Ibid.*, livre VI.

I

Au milieu de la Saône, au-dessus de la ville de Lyon et à environ six kilomètres du pont suspendu de cette ville appelé *de la Feuillée*, entre le fort de Caluire et le bourg de Saint-Rambert, s'élève tout-à-coup un dur et large rocher donnant naissance à une île. Celle-ci, disait Claude Le Laboureur au xviie siècle, « dure autant ou peu plus que la roche, la rivière se réunissant « peu à peu, à mesure que la cause de la division cesse. » Sa figure, disait encore Le Laboureur, est celle « d'un navire eschoué « au milieu des ondes de notre fleuve », ou, si on veut, « d'un oye « à laquelle on auroit couppé le col. » Sa longueur, du nord au midi, est de 565 mètres, et sa plus grande largeur de 125.

D'abord rocheuse, inculte, aride et déserte, cette île fut particulièrement distinguée de toute autre par son caractère rude et sauvage. De là le nom d'*Insula barbara*, *Ile barbare*, et par syncope *Ile-Barbe*, nom qu'elle a conservé à travers les âges, malgré le démenti que lui a donné l'heureuse transformation dont elle a été l'objet.

Par cette transformation, nous entendons l'établissement dans cette île d'une colonie religieuse, qui, après en avoir arraché les ronces et autres arbrisseaux sauvages, et fécondé le sol rocailleux, fit d'un si triste lieu une sorte de paradis terrestre.

Voici, en effet, ce qu'ont généralement admis les historiens de la ville de Lyon et ceux de l'Ile-Barbe. La cruauté de l'empereur Septime-Sévère ayant forcé les chrétiens de Lyon à se sauver où ils pouvaient, plusieurs se réfugièrent, en 201, dans les buissons et broussailles de notre île. Ces nobles fugitifs arborèrent dans leur solitude l'étendard de la vie religieuse, et avec un tel succès, que bientôt un monastère y était construit avec un oratoire dédié à saint André et aux autres Apôtres.

On a une liste des abbés qui gouvernèrent cette sainte maison jusqu'aux temps de saint Eucher, évêque de Lyon (435-440). On a même une lettre de cet évêque, où l'on voit quelle estime il avait pour Maxime, alors abbé de l'Ile-Barbe. L'abbaye était donc florissante au milieu du ve siècle.

Pendant longtemps, ses religieux s'étaient gouvernés, selon

l'usage des moines d'Orient. Mais déjà avant la mort de saint Benoît, arrivée en 543, la règle tracée par ce saint était suivie dans plusieurs monastères de France et de Bourgogne. Celui de l'Ile-Barbe l'avait adoptée avant 640, année où il reçut de Clovis II des biens considérables.

Après les faveurs, viennent les revers. En 725, l'abbaye est dévastée par les Sarrasins. Cependant, elle fut restaurée et dédiée à saint Martin, évêque de Tours, par les soins de Leidrade, archevêque de Lyon, de 799 à 814. Puis, Louis-le-Débonnaire en 816, Lothaire Ier, Charles roi de Provence en 860, Conrad-le-Pacifique en 971, Achard évêque de Chalon en 1070, et beaucoup d'autres favorisèrent l'Ile-Barbe, qui, aux XIe et XIIe siècles, était une des plus riches et des plus puissantes abbayes de France.

Après plusieurs siècles de prospérité matérielle, la discipline s'y trouvait singulièrement relâchée, quand le pape Paul III crut devoir convertir les réguliers en chanoines séculiers. La bulle de sécularisation, donnée en 1549, fut fulminée en 1551.

En 1562, les Huguenots, s'étant emparés de la ville de Lyon, envahirent l'Ile-Barbe, la pillèrent et l'incendièrent. L'église et une chapelle dédiée à Notre-Dame-de-Grâce furent restaurées à la fin du XVIe siècle et dans les premières années du XVIIe. Puis, après la réunion de l'abbaye au chapitre de Saint-Jean, le cardinal de Tencin, devenu archevêque de Lyon en 1742, transporta dans la maison abbatiale le séminaire de Saint-Pothin. Quand ce séminaire eut été supprimé, les comtes de Saint-Jean morcelèrent cette propriété et la louèrent à plusieurs particuliers. Enfin, en 1793, l'Ile-Barbe, divisée en 25 lots et estimée 26,226 livres, fut adjugée sur enchères au citoyen Perrussel, pour 166,000 livres. Dès lors, la plupart des anciennes constructions tombèrent sous le marteau des démolisseurs. Cependant l'île, aujourd'hui dépendante de la commune de Saint-Rambert, canton de Limonest, reste encore, par ses curiosités archéologiques, un des points les plus intéressants du Lyonnais.

Mais quelles furent les possessions de cette abbaye dans la région qu'embrasse notre étude, et à quelle époque lui échurent-elles ?

II

De bonne heure, l'Ile-Barbe eut des possessions du côté de la Provence. Dagobert, roi de Bourgogne de 628 à 638, lui céda l'église de St-Jean *de Grellas* accompagnée de sa ville *(villa)* (1), et située dans le diocèse de Trois-Châteaux. L'acte de cette cession n'est pas venu jusqu'à nous; mais cette dernière est rappelée et confirmée dans une charte de Clovis II, fils de Dagobert Ier et roi de Bourgogne. Voici une traduction fidèle de cette charte, qui est du cinquième des calendes de mars 640, et par laquelle Clovis II ajouta aux générosités de son père en faveur de l'Ile-Barbe.

« Au nom de Dieu éternel et de notre Sauveur Jésus-Christ,
« Clovis, par l'ordre de la divine Providence, empereur auguste.
« Il paraît nécessaire et convenable que la dignité royale accorde
« quelque chose, sur ses amples possessions, aux lieux dédiés à
« Dieu, de sorte que ceux qui y servent Dieu puissent vivre, et
« leurs bienfaiteurs arriver à la vie éternelle. C'est pourquoi nous
« avons soin d'apprendre à tous les fidèles de Dieu, c'est-à-dire
« aux évêques et aux abbés, aux rois, aux ducs, aux comtes, à
« leurs lieutenants, vicaires et exacteurs du tonlieu, ainsi qu'à
« tous les administrateurs de la chose publique, que Lucidius,
« abbé de l'Ile-Barbe, dédiée en l'honneur de saint André et de
« tous les Apôtres, et les moines y servant Dieu sous la règle de
« saint Benoît, sont venus vers notre Altesse, demandant que
« nous augmentassions avec les biens très amples de notre empire
« le nombre restreint de leurs maisons *(eorum paucas cellulas*
« *augmentaremus)*. Nous avons accueilli favorablement leur hum-
« ble demande. Ayant appris que le susdit monastère avait brillé
« par beaucoup de vertus, et afin de pouvoir être au nombre des
« élus, nous voulons leur accorder quelques-uns des biens de

---

(1) Le sens du mot *villa* a beaucoup varié selon les temps, les lieux et les écrivains. Même avec le secours des glossaires, on ne peut pas toujours savoir avec certitude si, dans les chartes des VIIe, VIIIe, IXe et Xe siècles, il signifie *habitation* ou *hameau*, *village* ou *bourg*, *paroisse* ou *ville*, dans le sens moderne de ces mots. Nous avons pris le parti de le traduire uniformément par *ville*, quoique cette traduction littérale soit loin d'être toujours juste par elle-même. Le lecteur, averti, avisera.

« l'empire. Nous leur donnons donc dans les parties de la Pro-
« vence, en l'évêché de Trois-Châteaux, sur les bords de la rivière
« du Lez *(in partibus Provincie, in episcopatu Tricastrino, circa*
« *fluminis Licii ripam)*, l'église dédiée en l'honneur de Saint-
« Sauveur avec la ville appelée Bollène *(ecclesiam in honorem*
« *Sancti Salvatoris dedicatam, cum villa quæ vulgó dicitur Abo-*
« *lena)*; dans le même territoire, au lieu appelé Olières *(in eodem*
« *territorio, in loco qui dicitur Olerias)*, l'église de St-Didier, et
« *in Marrano* l'église de St-Arey avec sa ville *(ecclesiam Sancti*
« *Erigii* (var. *Arigii*) *cum villa sua)* ; et, de l'autre côté de la
« même rivière, l'église de St-Jean *de Lagoneria* (var. *del Soneria*)
« avec sa ville, et l'église de Ste-Marie *de Crosis* avec sa ville ; et
« nous leur confirmons l'église de St-Jean *de Grellas* avec sa ville,
« qu'ils ont acquise de mon père le très heureux roi Dagobert
« *(ecclesiam Sancti Joannis de Grellas, cum villa sua, quam a*
« *patre meo Dagoberto rege felicissimo acquisierunt)*. Nous leur
« livrons de notre libre pouvoir toutes ces églises avec leurs villes
« et avec toutes leurs appartenances, c'est-à-dire avec leurs dîmes
« et prééminences *(cum decimis videlicet et preeminentiis)*, et avec
« les terres, tant cultivées qu'incultes, avec les montagnes et les
« vallées, avec les forêts et les bois, avec les eaux et leurs bords
« *(cum aquis aquarumque littoribus)*. Nous accordons de plus
« que, si quelque possesseur de régales veut en donner, vendre
« ou céder de quelque manière à ces religieux, ceux-ci les acquiè-
« rent et conservent en toute liberté et sécurité. Et, afin que cette
« donation royale demeure toujours ferme et stable, sans diminu-
« tion de droit quelconque *(absque alicujus dominio seu dimino-*
« *ratione* ; Le Laboureur dit *dominii diminutione)*, nous l'avons
« fait écrire par précepte impérial comme tout ce que nous dé-
« crétons, et y avons apposé notre sceau de notre main. Notice
« rédigée le 5 des calendes de mars, la troisième année du règne
« du très doux empereur Clovis. Fait *Monte Lauduno*, le peuple
« présent. »

Aux siècles suivants, les possessions de l'Ile-Barbe continuèrent
à s'étendre dans notre région. Les deux privilèges que cette abbaye
reçut de Louis-le-Débonnaire le 11 novembre 81., ne spécifient
aucune localité ; mais le droit que lui donne l'un d'eux de tenir
des barques sur le Rhône, avec exemption de tout péage, suppose

des possessions sur les rives de ce fleuve. Le privilège qu'elle reçut de l'empereur Lothaire entre 840 et 855, est perdu, et nous en ignorerions l'existence, si Charles roi de Provence ne l'eût mentionné dans le sien propre, donné à Mantaille (*Mantalo*), le 22 août 860. Ce dernier lui-même ne désigne, non plus, aucune localité spéciale. Mais l'*Histoire de Malaucène*, publiée depuis peu par MM. Ferdinand et Alfred Saurel, nous apprend qu'une maison religieuse existait au ix° ou x° siècle dans le territoire de cette commune, sur un mamelon et non loin d'une forêt, à moitié chemin de Malaucène à Entrechaux. Cette maison, dont M. l'abbé Buis, du clergé de Lyon, attribue les dotations à la pieuse munificence de quelque souverain, devait appartenir au x° siècle, pour le plus tard, aux religieux de l'Ile-Barbe; car ceux-ci y avaient construit, depuis peu de temps cependant, une chapelle dédiée à saint Benoît, quand le 20 août 971, une charte de Conrad-le-Pacifique confirmait à cette abbaye cette *chapelle de St-Benoît*. Voici, du reste, en quels termes cette charte mentionne les biens que l'Ile-Barbe avait alors dans notre région : « ... En Provence « ensuite, la ville de Bollène avec l'église dédiée en l'honneur de « St-Sauveur, et toutes les possessions annexées et appartenant « à cette ville, ainsi que la chapelle de St-Benoît construite na-« guère par les religieux eux-mêmes, et tout ce qui a été pieuse-« ment accordé audit monastère, soit dans le Gapençais par l'évê-« que Hugues, soit par d'autres fidèles de Dieu dans quelques « parties de notre royaume que ce soit (1). » Comme on le voit, l'énumération est fort sommaire. Aussi la charte ajoute-t-elle ces mots qui se rapportent autant aux possessions nommées en premier lieu et que nous n'avons pas eu à indiquer ici, qu'à celles que nous venons de spécifier en traduisant le texte : « Enfin, nous « voulons et ordonnons que lesdits religieux possèdent désormais « avec sécurité et sans aucune diminution les choses susdites avec « toutes leurs annexes. »

(1) « ... In Provincia deinde, Abolenam villam cum ecclesia in honorem Sancti Salvatoris dicata et omnibus appendiciis ad ipsam villam pertinentibus, capellam quoque Sancti Benedicti ab ipsis nuper monachis ædificatam, et quidquid in Gapincensi pago ab Hugone episcopo seu ab aliis fidelibus Dei prescripto monasterio in quibuslibet nostri regiminis partibus devote concessum est... » (*Les masures de l'Isle-l'Arbe*, I, p. 65; — *Gallia Christiana*, édit. dom Piolin, I, col. 459; — G. Guigue et comte de Charpin-Feugerolles, *Cartul. de l'Ile-Barbe*, pp. 224-6).

Comme on vient de le voir, l'évêque Hugues avait concédé à l'Ile-Barbe certaines possessions situées dans le Gapençais ; mais, la date de cette concession n'est pas indiquée par la charte de 971, qui ne dit pas même en quoi consistaient ces possessions, confirmées par Conrad. Toutefois, celles-ci n'étant apparemment autres que les églises, prieurés et biens laissés par l'abbaye de Bodon lors de sa dissolution et dont on sait que l'Ile-Barbe hérita, et cette dissolution étant arrivée vers 925, la concession de l'évêque Hugues dut avoir lieu peu après 925. De plus, parmi ces biens figurait certainement le petit monastère de Lemps, et M. Lacroix, archiviste de la Drôme, a écrit que ce monastère fut uni à l'Ile-Barbe par cet évêque Hugues *en 950*; mais M. Lacroix aura sans doute voulu dire *vers 950*, et le mot *en* aura été mis à tort par l'imprimeur à la place du mot *vers*. Telle est du moins la supposition que nous a communiquée M. Isnard, auteur d'*Etudes historiques sur l'abbaye de Bodon*; or, c'est celui-ci qui avait fourni au savant archiviste les notes sur lesquelles s'est basé ce dernier dans le passage en question de son excellent travail sur Lemps. Quoi qu'il en soit, Le Laboureur, ancien prieur de l'Ile-Barbe et admirablement au courant de l'histoire de cette abbaye, dit de l'acte de 971 : « J'y remarque encore les libéralités de Hugues, « évesque de Gap, à qui nous sommes obligez de la dotation du « monastère ou prieuré conventuel dédié à S. Benoist, et d'une « bonne partie des petitz prieurez et cures de ce diocèse, que nous « verrons par le menu dans la bulle de Lucius III, et qui nous « ayant esté fraîchement donnez, comme il est porté par la charte « de Conrad, il est fort vraysemblable que cet évesque, jusques à « présent inconnu, n'estoit pas fort éloigné du siècle et du règne « de Conrad. »

C'est sans doute à la même date que l'Ile-Barbe entra en possession du monastère de Saint-May et d'autres maisons, églises et biens, provenant de l'abbaye de Bodon et situés soit dans le diocèse de Sisteron, soit dans celui de Die. Mais ce durent être des personnages autres que l'évêque Hugues qui en firent la donation aux religieux de l'Ile, puisque les diocèses de Sisteron et de Die n'étaient pas du Gapençais et de la juridiction de cet évêque (1).

(1) G. GUIGUES et comte de CHARPIN-FEUGEROLLES, *Cartul. de l'Ile-Barbe*, pp. 217-26. — *Les masures de l'abbaye royale de l'Isle-Barbe*, I, (Lyon,

A partir de 971, l'Ile-Barbe vit encore ses possessions s'accroître dans le diocèse de Gap et dans d'autres du voisinage. Ainsi, entre 1102 et le 7 avril 1152, le monastère d'Allemont passa des religieux de Montmajour près d'Arles à ceux de notre Ile-Barbe.

Vers l'année 1116, cette dernière avait aussi des possessions dans le diocèse de Vienne, près de Moras. En effet, nous lisons dans le cartulaire de l'abbaye de Bonnevaux les détails qui suivent. Jean, 1ᵉʳ abbé de Bonnevaux, poussé par la pauvreté de sa communauté, alla à Moras solliciter les chevaliers de ce lieu de lui venir en aide. Ces chevaliers lui donnèrent diverses terres. Guillaume *de Merculione* lui donna une terre contiguë à une terre dépendante du monastère de l'Ile-Barbe. De l'avis des chevaliers, l'abbé de Bonnevaux demanda à Girin, abbé de l'Ile-Barbe, et à ses religieux, cette dernière terre, qui lui fut accordée en ces termes : « Moi, Girin, abbé de St-Martin de l'Ile-Barbe, je donne et accorde à l'église de Ste-Marie de Bonnevaux l'église *de Landrins*, et toute la terre que nous avions en ce lieu (1). » Ce don de l'abbé et de ses religieux fut approuvé et confirmé par les chevaliers en question, de l'héritage desquels venait cette terre, et qui, de concert avec leurs femmes et leurs enfants, reçurent chacun une petite somme. Mais ces chevaliers soulevèrent bientôt contre Bonnevaux des difficultés à propos des limites de cette terre appartenant à l'église de St-Martin de l'Ile-Barbe, et on eut recours à des arbitres. Ceux-ci reconnurent et précisèrent ces limites en présence de Jean, abbé de Bonnevaux, du prieur Guy, de deux autres religieux, de dame Mathilde, alors comtesse, appelée Reine, et d'autres (2).

Parmi les possessions de l'Ile-Barbe énumérées dans un privilège d'Innocent II, accordé à cette abbaye le 5 mars 1142, nous trouvons : « Dans l'évêché de Sisteron, le monastère de St-May,

M.DC.LXV), pp. 1-66. — *Gallia Christiana*, édit. cit., I, 459, 477 et 508. — SAUREL, *Hist. de la ville de Malaucène*, I, p. 254-6. — LACROIX, *L'arrondissement de Nyons*, I, p. 378. — JUVENIS, *Hist. du Dauphiné et de ses dépend.* (mss. à la biblioth publique de Carpentras), tome Iᵉʳ, p. 1129. — Notes dues à l'obligeance de M. Isnard, curé de Suze-la-Rousse.

(1) *Landrins* est aujourd'hui une ferme située vers les limites de Moras avec Epinouze.

(2) Saint Jean, depuis évêque de Valence, fonda Bonnevaux en 1117 et en fut abbé jusqu'à 1141. Girin était abbé de l'Ile-Barbe dès 1116. Mathilde, femme de Guigues III comte d'Albon, appelée Reine, vivait en 1105 et en 1124.

l'église de St-Jean avec la chapelle du château de Sahune, de St-Julien, de St-Pierre, l'église de Langoustier, de Soubeyran, les églises de Tarandol, de Sainte-Marie, etc.; dans l'évêché de Die, l'église de Sainte-Marie, de Saint-Jacques-d'Eyroles, l'église de Chaudebonne, l'église *de Brussiaco*, l'église *de Castroleone*. »

N'oublions pas que ce n'est là qu'une partie des églises dauphinoises de notre célèbre abbaye lyonnaise à cette époque. Nous n'avons du privilège d'Innocent II que les détails concernant les diocèses de Sisteron et de Die, tels qu'ils nous ont été conservés dans un acte de 1247 relatif à un différend entre les évêques d'alors de ces deux diocèses.

Ce dernier acte nous apprend d'ailleurs qu'un privilège donné par Alexandre III, vers février 1180, et un privilège de Lucius III du 11 mai 1183, contiennent les mêmes églises que le privilège de 1142, pour les diocèses de Sisteron et de Die du moins. Le privilège d'Alexandre III est perdu ; mais nous avons heureusement dans son entier celui de Lucius III, qui va bientôt nous fixer sur les possessions de l'Ile-Barbe au xiie siècle. En attendant, parlons des droits que l'Ile-Barbe avait dès 1168 dans la partie dauphinoise du diocèse de Lyon. Ils nous sont indiqués par un acte d'accord passé entre cette abbaye et celle de Bonnevaux. Voici une partie de cet acte, qui est fort long ; elle contient tout ce que celui-ci renferme de plus intéressant pour notre sujet.

« Les monastères de l'Ile-Barbe et de Bonnevaux avaient déjà
« beaucoup plaidé l'un contre l'autre au sujet de droits temporels.
« Enfin la paix fut établie entre eux par la transaction suivante :
« En la solennité de Saint-Martin, devant tout le Chapitre de
« L'Ile, Hugues, élu abbé de ce monastère, et chacun des reli-
« gieux présents, tant les prieurs que les autres, ont cédé et donné
« pour toujours à la maison de Bonnevaux les dîmes près de
« *Chalvas* de tous les animaux et terres qu'ils cultivent de leurs
« propres travaux ou dépens, entre les limites désignées ci-des-
« sous ; et ils ont eu de là 600 sols que les religieux de l'Ile de-
« vaient à ceux de Bonnevaux, et d'autre part 40 sols de monnaie
« de Vienne. Mais, si entre lesdites limites d'autres hommes ont
« travaillé les terres, les religieux de l'Ile y auront leurs dîmes.
« Cependant, puisque nous avons parlé des limites, voyons quelles
« elles sont. La première est depuis une certaine grande pierre
« placée près du chemin qui vient de Pusignan et va vers *Jonages*,

« suivant les confins du territoire de Pusignan avec le bois d'*Era-*
« *sius* de Beauvoir qu'on appelle *Deve₇* ; jusqu'à une éminence
« séparant le territoire de Bonnevaux et le bois de Meizieu qu'on
« appelle *Brossas* et allant jusqu'à un sentier qui vient de Meizieu
« et va vers Pommier ; jusqu'au chemin qui vient de Johannages
« et va vers le village qui s'appelle Mons ; jusqu'à la terre de Bon-
« nevaux qu'on appelle terre des Poueriniens (*Pouerinensium*), et
« à la terre de ceux qu'on appelle *de Saint-Julien* ; jusqu'au bois
« *de Breuchy Espina*, jusqu'au chemin qui est entre ce bois et
« celui de Saint-Romain ; suivant la direction de ce chemin jus-
« qu'au chemin allant de Pommier au village de Mons, pour arri-
« ver enfin à la pierre susdite, laquelle sépare la terre des Pouer-
« niens et les verchères de Mons (*vercherias Montium*) ; et depuis
« cette pierre en tirant droit jusqu'au chemin qui va de Jonages
« au carrefour de Mons (*versus trivium Montium*) ; puis, par-
« tant de ce carrefour par le chemin qui va vers *Eschalats* et arrive
« jusqu'à la route de Lyon *de Treminat*, et suivant le même che-
« min descendant à celui qui va de Pusignan à Jonages, pour y
« rejoindre la limite dont il a été parlé et d'où on était parti. Mais,
« comme lesdits religieux de l'Ile avaient à titre de seigneurie une
« terre et un pré situés dans ces limites, ceux de Bonnevaux les
« leur payèrent moyennant un échange près de Mons, avec pro-
« messe que, si quelqu'un leur causait injustice à ce sujet, ils en
« seraient eux-mêmes responsables devant la justice et rembourse-
« raient les dépenses qu'il faudrait faire en justice. Si Bonnevaux
« acquérait quelque chose en dehors des limites ci-dessus, l'Ile-
« Barbe y exigerait et posséderait en paix ses dîmes, avec excep-
« tion des vignes de St-Grégoire et des vignes et de certaines
« terres auprès de *Muifon*, dont il avait été investi le jour même
« où le présent acte a été fait. Il ne faut pas non plus oublier que
« l'Ile a concédé à Bonnevaux la moitié d'une vigne et tout ce
« qu'ils possédaient dans une autre vigne qu'ils ont eu du frère
« Guichard, ainsi qu'un courtil et une pièce de terre près de *Mui-*
« *fon*, pour une vigne située dans leur propre clos, et dont l'Ile
« possédait le cens et les dîmes. En outre, Bonnevaux ne pourra
« acquérir, sans l'assentiment du Chapitre de l'Ile, les terres, vi-
« gnes, prés ou bois sur lesquels celles-ci a le cens ou la garde.
« Sachent encore présents et futurs que, chaque année en la solen-
« nité de Saint-Martin, si la chose se peut, l'abbé de Bonnevaux

« doit paraître au monastère de l'Ile ou y envoyer un de ses meil-
« leurs religieux... Cela a été fait l'an 1168 de l'Incarnation du
« Seigneur, par les mains de vénérable Hugues, abbé élu de l'Ile,
« et de religieux homme Hugues, abbé de Bonnevaux, en présence
« de Rostaing prieur de St-Rambert, Girin prieur de Claypeu,
« Jean prieur de Chavanos, Hugues prieur de St-Romain, Hum-
« bert prieur de Firminy, Pierre prieur de Serrières, Rolland
« prieur de Fuscimagne, Hugues prieur de Tartaras, Girin prieur
« de St-Jean-d'Ardière, Etienne prieur de Pommiers, Guichard
« prieur de Franchelains, Guichard prieur de St-André, Guichard
« prieur de Chalon, Etienne prieur de Bireu, Pierre prieur de
« Jalleye, Guillaume prieur de Noyosc, Aimin prieur de Miribel,
« Ponce prieur de Rilleu, et tout le Chapitre de l'Ile. Ont aussi
« été témoins : Soffroy, Ponce, Sibaud, Gay, religieux de Bonne-
« vaux..., Constantin de Muiffon, chapelain... (1). »

Mais c'est surtout la bulle de Lucius III du 11 mai 1183 qui va nous édifier sur les colonies dauphinoise de l'Ile-Barbe à cette époque. Elle nous apprend que le 3 mai 1183, Lucius III confirma à cette abbaye toutes ses possessions. Or, au nombre de celles-ci, nous trouvons dans le diocèse de Lyon une foule d'églises et chapelles, notamment les suivantes : «... L'église de St-Pierre de
« Mure..., l'église de St-Pierre de La Balme..., l'église de St-Ro-
« main de Solemieu..., les chapelles de Mons, de Villette, de
« Jons et de Moiffon, l'église de Pusignan et de Jonages, la cha-
« pelle d'Anthon..., l'église de Verceu... » Plus loin sont mentionnés : « Dans l'évêché de Vienne, l'église de Chavanos, l'église
« de St-Rambert de Fulcimagne, l'église de St-Saturnin, la cha-
« pelle de Serrières, l'église de Sablon, de Baudins, de Jaussens
« et d'Appesieu. Dans l'évêché de Valence, l'église de St-Didier
« de Revoire, les églises de Montélimar, de St-Pierre, de Sainte-
« Croix, de Saint-Martin de l'Hôpital et une autre église de Saint-
« Martin, l'église de St-Prix, de Saint-Michel et de Saint-Marcel,
« l'église de Piosac A Aigu, l'église de Sainte-Marie, de Saint-
« Didier et de St-Saturnin. Dans l'évêché de Trois-Châteaux ou
« d'Orange, l'église de St-André de Barry, l'église de St-Jean de

---

(1) Arch. des Bouches-du-Rhône, mss. Chantelou, pp. 693-701; — *Bull. de la Société d'Etudes des Hautes-Alpes*, I, 266 ; V, 365 ; — *Les masures* cit., I, 109-11; — U. CHEVALIER, *Cartul. de l'abbaye de Bonnevaux*, pp. 83-6. — J. CHEVALIER, *Essai histor. sur Die*, t. Ier, p. 474-5.

« Lagonnière, l'église de Saint-Pierre *de Sallas*, le monastère de
« Bollène, l'église de Saint-Geniès, l'église de la Motte de Mont-
« dragon, l'église *de Torcularibus* avec les dîmes, l'église de
« St-Jean de Grellas, l'église de St-Arey, l'église de Bauljon,
« d'Esparansian, l'église de Sainte-Marie d'Aubonne, l'église de St-
« Nazaire avec la chapelle de Baume, de St-Dalmatien de Causant,
« l'église de Mulieras, l'église de St-Thirs. Dans l'évêché de Car-
« pentras, l'église de Ste-Marie des Innocents. Dans l'évêché de
« Vaison, l'église de Malaucène, le monastère de St-Benoit de la
« Chapelle, l'église de St-Romain, l'église de Puyméras, l'église
« de St-Georges, l'église de St-Marcel, l'église de Tilletoupes,
« l'église de St-Blaise avec la chapelle de Plaisians. Dans l'évêché
« de Sisteron, le monastère de St-May, l'église de St-Jean avec la
« chapelle du château de St-Pierre de Sahune, de St-Julien,
« l'église de Langoustier, de Soubeyran, les églises de Tarendol
« et de Ste-Marie de Sise. Dans l'évêché de Die, l'église de Ste-
« Marie, de St-Jacques d'Eyroles, l'église de Chaudebonne,
« l'église *de Brusaco*, l'église de Châtillon. Dans l'évêché de Gap,
« le monastère de St-Pierre de Lemps, l'église de Pellone, de
« Tournaret, l'église de St-Plandis et de Ste-Marie avec la cha-
« pelle de La Fare, l'église de St-Michel de Durfort, les églises de
« Cornillon, de St-Michel, la chapelle de St-Jean, l'église de
« Ste-Marie de Bariane, l'église d'Assenat, l'église de St-Quenin,
« de St-Alban et de St-Véran. Dans la vallée de Bruis, l'église
« de St-Pierre, de St-Jean et de Ste-Marie, la chapelle du château,
« l'église de Tourrettes, l'église de Ste-Marie de La Charce,
« et la chapelle de La Charce, l'église de St-Romain et la chapelle
« de Pommerol ; l'église de St-Georges, la chapelle du château de
« Lazer ; le monastère d'Allemont avec les églises établies dans la
« ville et aux entours ; l'église de St-Clément, la chapelle de
« Ste-Victoire; dans le territoire du château de Lardier, les deux
« églises qu'avaient lesdits religieux de l'Ile-Barbe, et la chapelle
« du château ; l'église de Clémensane et la chapelle du château
« même. Dans le diocèse d'Embrun, l'église de St-Mamez ; les
« églises de Bayonne, l'église d'Autun, de St-Martin, de Ste-Marie,
« et une autre église de Ste-Marie ; l'église de St-Pierre et de
« St-Domitien, et les églises de Sallonet » (1).

(1) « ... (In episcopatu Lugdunensi)..., ecclesiam Sancti Petri de Mura,...,
ecclesiam Sancti Petri de Balma..., ecclesiam Sancti Romani de Solemiaco,...,

Voilà bien des dépendances. Aussi l'Ile-Barbe put-elle favoriser la fondation d'un monastère de religieuses bénédictines. En

capellas de Montibus, de Villeta et de Jons et de Moiffonne, ecclesiam de Pusigniaco et Joennages, capellam de Antone,..., ecclesiam de Verciaco... In episcopatu Viennensi, ecclesiam de Cabanosco, ecclesiam Sancti Ragneberti de Fulcimagna, ecclesiam Sancti Saturnini, cappellam Serreriæ, ecclesiam de Sablone, de Baudinis, de Jossanis et de Appesiuco. In episcopatu Valentinensi, ecclesiam Sancti Desiderii de Revoria, ecclesias Montilii Adhemari Sancti Petri, Sanctæ Crucis, Sancti Martini Hospitalis, et aliam Sancti Martini, ecclesiam Sancti Præjecti, Sancti Michaelis et Sancti Marcelli, ecclesiam de Piosaco. In Aiguno, ecclesiam Sanctæ Mariæ, Sancti Desiderii et Sancti Saturnini. In episcopatu Tricastrino sive Aurasicensi, ecclesiam Sancti Andreæ de Barres, ecclesiam Sanctæ Mariæ de Alono et capellam ejusdem castri, ecclesiam Sancti Petri de Sallas, monasterium Abolenæ, ecclesiam Sancti Genesii, ecclesiam de Mota de Montedracone, ecclesiam Sancti Joannis de Lagoneria, ecclesiam de Torcularibus cum decimis, ecclesiam Sancti Joannis de Grellas, ecclesiam Sancti Arigii, ecclesiam de Belgione, de Sparanciano, ecclesiam Sanctæ Mariæ de Albuna, ecclesiam Sancti Nazarii cum capella de Balma, Sancti Dalmatiani de Causanti, ecclesiam de Mulieratis, ecclesiam Sancti Thirsi. In episcopatu Carpentoractensi, ecclesiam Sanctæ Mariæ de Innocentibus. In episcopatu Vasionensi, ecclesiam de Malossena, monasterium Sancti Benedicti de Cappella, ecclesiam Sancti Romani, ecclesiam de Podio Almerado, ecclesiam Sancti Georgii, ecclesiam Sancti Marcelli, ecclesiam de Tilletoupis, ecclesiam Sancti Blasii cum cappella de Placiano. In episcopatu Sistaricensi, monasterium Sancti Marii, ecclesiam Sancti Joannis cum cappella de castro, Sancti Petri Assedunæ, Sancti Juliani, ecclesiam de Lingosterio, de Cibarrano, ecclesias de Torrendos et Sanctæ Mariæ Sisæ. In episcopatu Diensi, ecclesiam Sanctæ Mariæ, Sancti Jacobi de Arrolas, ecclesiam de Casabone, ecclesiam de Brusaco, ecclesiam de Castilione. In episcopatu Vapincensi, monasterium Sancti Petri de Lent, ecclesiam de Pellona, de Tornareto, ecclesiam Sancti Placidii, et Sanctæ Mariæ, cum cappella de Phara, ecclesiam Sancti Michaëlis de Durfort, ecclesias de Cornilione, Sancti Michaëlis, cappellam Sancti Joannis, ecclesiam Sanctæ Mariæ de Burienis, ecclesiam de Assenaco, ecclesiam Sancti Quinidii, Sancti Albani et Sancti Verani; in valle Brosii, ecclesiam Sancti Petri, Sancti Joannis et Sanctæ Mariæ, cappellam de castro, ecclesiam de Torretis, ecclesiam Sanctæ Mariæ de Carcere, et cappellam Carceris, ecclesiam Sancti Romani, et cappellam de Pomariolo; ecclesiam Sancti Georgii, cappellam de castro Lazari; monasterium Alamonis, cum ecclesiis infra oppidum et in circuitu constitutis; ecclesiam Sancti Clementis, cappellam Sanctæ Victoriæ; in territorio castri Larderii, ecclesias duas quas habitis et cappellam castri; ecclesiam de Clemensana, et cappellam de ipso castro. In episcopatu Ebredunensi, ecclesiam Sancti Mametis, ecclesias de Bayonne, ecclesiam de Augustoduno, Sancti Martini, Sanctæ Mariæ et aliam ecclesiam Sanctæ Mariæ, ecclesiam Sancti Petri, et Sancti Domitiani. et ecclesias de Sallone. » (*Les masures...*, I, p. 116-9.)

effet, l'abbé Guillaume descendit en Provence, et, par acte fait dans le cimetière de Bollène, près de la tour de l'église, le 19 avril de l'an de l'Incarnation 1200, il fonda le monastère de religieuses de Notre-Dame du Plan. Voici ce que nous en dit cet acte. « L'abbé, de l'avis et du consentement de ses frères et religieux, Guillaume *d'Artus* (1) cellérier, Humbert de Bassalc, Giraud, Barthélemy, Ponce, Giraud et Faucher, donne et confirme à perpétuité à Dieu et à la bienheureuse Marie l'église de Ste-Marie du Plan, avec toutes ses dépendances et aumônes présentes et futures, à l'effet qu'il y soit construit un monastère de religieuses. Ce monastère ne doit pas avoir plus de 13 religieuses, à moins que, de l'avis du prieur de Bollène et de celui de la supérieure et des sœurs du lieu en question, les biens de celui-ci ne fussent suffisamment augmentés pour paraître suffire à l'entretien d'un plus grand nombre. Ces religieuses doivent suivre la règle de l'Ile-Barbe, et porter une robe blanche, un scapulaire noir par-dessus, et le voile, recevoir la bénédiction de l'abbé de l'Ile ainsi que sa visite faite toutefois avec modération et sans beaucoup de charge pour le monastère, et accepter les billets des morts de l'Ile comme l'Ile acceptera ceux desdites religieuses. Ce monastère aura à payer à l'église de Bollène une obole d'or par an ; l'abbé et le prieur de Bollène ne devront exiger ni souffrir qu'il soit exigé davantage. L'église de Ste-Marie du Plan est située entre Montdragon et Bollène. Pour plus de garantie de la donation et concession, l'abbé appose sur l'acte son propre sceau et celui de St-Martin de Bollène. Fait au cimetière de Bollène, près de la tour de l'église (2). »

Tout en voyant dans cette fondation une œuvre pie de l'Ile-Barbe, on peut penser que l'abbé Guillaume fut aussi poussé à la cession de Notre-Dame du Plan par la difficulté de desservir cette église et de s'en conserver les droits. D'autre part cependant, l'ab-

---

(1) *Ars* dans le *Gallia Christ. nova*.

(2) *Les masures* cit., I, p. 131 ; — G... a Christ., éd. cit., I, col. 789; instrum., p. 136; — *Cartul.* (ms.) *de St-Paul-Trois-Chât.*, reg. B, f. 63 v°. — *Bulletin histor. et philolog.*, année 1895, pp. 84-93.

Au texte latin de l'acte de 1200 dont nous venons de donner une traduction à peu près littérale, le *Gallia* a maladroitement joint le texte tronqué d'un acte de reconnaissance du 19 juillet 1455, comme si ces deux actes n'en faisaient qu'un seul. Ayant relevé dans le *Bulletin historique et philologique* cette maladresse, vraiment étonnante chez des Bénédictins, nous n'insisterons pas ici sur ce point, quoiqu'il intéresse notre sujet.

baye conserva longtemps encore le prieuré même de Bollène, et nous voyons qu'un différend d'Etienne, seigneur de Villars, avec l'abbé de l'Ile-Barbe, fut réglé par G. *de Baugiaco*, et Guillaume *de Palude* archidiacre de Vienne, et G. de Frens, et L. prieur de Bollène, et Guillaume du Mont-d'Or chevalier, et Pierre de Sarz, sacriste de St-Paul de Lyon. L'acte terminant le règlement est du 3o mars 1226. Au surplus, l'abbé Guillaume de Jareys, qui gouvernait l'abbaye vers ce temps, tout en conservant de son mieux ce que ses devanciers lui avaient laissé, y ajouta quantité d'autres biens dans le Lyonnais, le Forez, le Dauphiné, et ailleurs. C'est ainsi que, le 12 des calendes de janvier 1228, il acquit de Giraud Adhémar, seigneur de Monteil, le château de Barry (*castrum de Barre*), situé sur Bollène, entre St-Paul-Trois-Châteaux et ledit Bollène, et, avec le château, tous les droits qu'y avait Giraud ainsi que dans son tènement, soit propriétés, soit cours d'eaux ou pacages ou chasses, etc. Il lui paya pour cela la somme de 3,ooo sols viennois, et au même instant il donna ce château en fief au même Giraud, à la charge et condition de prêter secours et aide à l'abbé de l'Ile contre qui que ce fût, en affaire de justice et de guerre (*in placito et in guerra*). Faute de remplir cette condition quand il en sera requis, Giraud rendra le château avec toutes les armes et choses qui s'y trouveront ; toutefois l'abbé de l'Ile devra, une fois la guerre terminée, le rendre lui-même à Giraud dans le même état et muni des mêmes armes et choses de guerre qu'il l'aurait trouvé en le recevant de Giraud. En vertu de cela, ce dernier fit hommage à l'abbé Guillaume, en mettant ses mains entre les siennes et lui donnant le baiser de paix et de fidélité. Il lui jura fidélité, pour ledit fief, sur les saints Evangiles, et promit que lui et ses successeurs feraient semblable hommage à tout nouvel abbé de l'Ile-Barbe. Guillaume s'engagea de son côté à défendre Giraud comme tout bon seigneur fait envers son vassal. Giraudet, fils de Giraud, approuva ce que dessus et s'engagea à l'observer. Cela fut fait à Monteil (aujourd'hui Montélimar) dans l'habitation de feu Ponce Bonel, appelée *al fornel*. Les témoins furent Amédée du Puy-St-Martin, Guillaume de Montmeyran, Guyot chevalier, Duran prieur de Bollène, R. prieur d'Aigu, B. Grifons, et plusieurs autres (1).

(1) *Masures*, I, p. 145-7 ; — *Cartul. de l'Ile-Barbe*, p. 184-91.

Cette vente du haut domaine de Barry par Giraud Adhémar à l'Ile-Barbe se rattache apparemment aux guerres des Albigeois, qui infestaient alors nos contrées. En tout cas, ces guerres furent particulièrement néfastes au lieu qui nous occupe ; car, dit M. Granget, « en exécution du traité passé entre S. Louis et le Saint-Siège, le château de Barry fut démantelé, ainsi que Derbons, La Garde-Paréol, La Galle et tous les châteaux-forts des environs qui servaient de repaires aux Albigeois (1). » Mais la suzeraineté de l'Ile Barbe s'est étendue sur bien d'autres endroits encore dans le Dauphiné et jusqu'en Provence. Quantité de châteaux et de terres en relevaient dans les Baronnies, et les abbés de l'Ile eurent pour vassaux les fiers barons de Mévouillon et de Montauban. Témoin d'abord, en ce qui concerne les Mévouillon, la transaction passée, le 2 juin 1242, entre Fulcher, alors abbé, d'une part, et Raymond de Mévouillon, d'autre, transaction que son importance nous engage à donner ici intégralement. En voici la traduction, aussi claire que la défectuosité de la copie suivie permet de la donner (2) :

« A tous présents et futurs, soit connu que, l'an du Seigneur 1242 et le 2 des nones de juin, le seigneur Fulcher, abbé de l'Ile-Barbe, du plein consentement de la communauté de cette maison, et le seigneur Reymond de Mévouillon, majeur, ont convenu ce qui suit, au sujet du traité fait, par l'intermédiaire d'amis communs, à propos de la donation des Tourretes, de Montmorin et de

(1) Citat. par M. l'abbé SAUREL, Aeria, p. 36.
(2) Outre la copie défectueuse, du xviii° siècle, qui est suivie ici et qui est dans les archives du Rhône, on a deux résumés fort sommaires de cet acte. L'inventaire des archives des Dauphins fait en 1346, nous apprend qu'il y avait encore à Grenoble, en 1346, des « lettres écrites le 2 juin 1242, scellées de 2 sceaux pendants et contenant une transaction faite entre l'abbé de l'Ile-Barbe et Raymond de Mévouillon, au sujet de bon nombre de châteaux et territoires y nommés. » (U. CHEVALIER, Invent. des dauph. de 1346, n° 1346). Nous savons d'un autre côté par le grand Inventaire de la Chambre des Comptes, qu'en 1242, le même Raymond de Mévouillon reconnut la supériorité du même abbé sur « ses châteaux du Buis Sainte Marie (lire de Bruis, Ste-Marie), la Charce, Jonchère (lire La Jonche), Pelonne et Mireval, » avec leurs dépendances. Evidemment l'acte analysé par le grand Inventaire est absolument celui qui forme le n° 1346 de l'inventaire de 1346. M. l'abbé Vincent et M. Lacroix ont relaté le fait d'après le grand Inventaire et nommé comme celui-ci le Buis Ste-Marie (Notice historique sur le Buis, p. 13 ; L'arrondiss. de Nyons, I, pp. 137, 139 et 405).

Bruis, et de Ste-Marie, et de la Charce, de Tarandol, par led. seigneur abbé, et de Cornillon, Cornillac, ainsi que de Montchastel, de Remuzat, du Bruchet, du Poët, par led. seigneur Reymond, et à propos des biens de la Jonche, de Pelonne et de Mireval : 1° Reymond de Mévouillon a fait hommage et juré fidélité et secours audit seigneur abbé à cause des choses susdites qu'il en a reçues, les unes par suite de donation, les autres par cession volontaire à titre de fief, et cela sous certaines conditions. 2° Il est promis par chacune des parties que, à l'égard du fait susdit pour les ··ys de Provence, où il leur paraîtra bon, reconnaissance sera fai. ɔ devant Guillaume de Chamaret et Guillaume de Sauzet et à tout avertissement de leur part, et que garantie lui soit donnée par le moyen de titres, de cautions, de témoins et par tous autres moyens nécessaires. Et, afin de bien assurer l'accomplissement et l'observation de toutes ces choses, ainsi que la garantie à établir, aux dire et volonté que dessus, et le respect du fait tout entier, led. Reymond de Mévouillon, d'une part, et Bertrand, prieur de St-May, d'autre, au nom et de l'ordre desdits abbé et communauté, s'y sont engagés avec serment en leurs âmes, sur les Sts-Evangiles de Dieu, le Corps du Seigneur et les reliques des saints, avec réserve toutefois de la part dudit seigneur abbé, que, si ledit Reymond reculait devant les garanties qui doivent assurer l'observation de ces conventions, cela ne pourrait nuire en rien à ladite maison, mais toutes les choses susdites seraient tenues pour nulles et non faites ; pouvoir est donné auxdits Guillaume de Chamaret et Guillaume de Sauzet d'ajouter au fait ci-dessus, ou d'en ôter, ou de le changer, comme ils trouveront plus juste ou plus avantageux ; cela ajouté que, si un de ces légistes ou tous deux ne voulait ou ne pouvait se mêler de la chose, les parties pourraient en mettre à leur place un ou plusieurs autres pour faire cela. Reymond de Mévouillon a encore spécialement promis et juré de s'en tenir absolument à l'ordonnance, à la volonté ou à la décision dudit abbé, quelles qu'elles puissent être, relativement au différend qui s'est élevé ou peut s'élever entre lui, d'une part, et *apertilinum* de Bruis, d'autre part. Fait à l'Ile-Barbe, au Chapitre, devant toute la communauté et en présence dudit Guillaume de Chamaret, de Bertrand du Verger, Reymond de Saint-Paul, Rostaing Ami, Bertrang Aguillon, et Bonami, notaire public, qui, par l'ordre desdits abbé et Reymond de Mévouillon, a écrit le présent acte, y a appendu les sceaux de ces deux seigneurs et l'a signé de son seing. »

Témoin encore l'hommage suivant, qui eut lieu neuf ans plus tard : « L'an du Seigneur 1251, et le samedi après l'Ascension du Seigneur, dans la chambre voûtée du château de St-May (*in fornello castri Sancti Marii*), Raymond, seigneur de Mévouillon, a fait hommage et fidélité « par serment à religieux homme Pierre,
« abbé de l'Ile-Barbe, au nom de son église, des châteaux et tène-
« ments que l'église de l'Ile lui a donnés en fief, savoir : le château
« de Bruis et de Montmorin et de Torretes, et les Bastides neuves,
« et le château de Sainte-Marie de la Charce, et la Charce, et
« Mireval, et Pelone, et la Jonche, et Tarrendol (1), avec toutes
« leurs appartenances, lesquels tous ledit Raymond avait reçus en
« fief de l'église de l'Ile. Il a aussi fait hommage et fidélité au
« même abbé de toutes les choses qui suivent, lesquelles étaient
« de Raymond lui-même, que celui-ci a reçues en fief du même
« abbé au nom de son église, et dont il a augmenté le fief de
« l'église susdite, savoir : le château de Clermont, le château de
« Remuzat, Cornillon, Cornillac, le Bruchet, le Poët et Pomme-
« rol (2), avec leurs appartenances. Témoins demandés et appelés :
« Pierre de Martine, Pierre Bifard, Aimon de Montaigneu, Ber-
« tharin de Porte, Gauthier, Hugues Girboud, Henri de l'Epine,
« Guillaume Vachinoux, Girin Portabo, moines, Giraud de Cor-
« nillac, Pierre Bermond, Rostaing Ami, chevaliers, Raymond
« (fils du susdit Raymond), Charbonnel, Franconnet de Rottier,
« damoiseaux, Raymond Quinoux de Gap, Pierre Giraud, Guil-
« laume de Belleville, Raymond Artelar, Albert de Cornillon,
« damoiseaux, Pierre du Bruchet, Jean Albert, Bertrand Astrues
« de Bruis, Guillaume de Vierne, Pelecers, et beaucoup d'au-
« tres. »

Témoin en ce qui concerne les Montauban, l'hommage relaté dans l'acte suivant : « A tous ceux qui les présentes lettres verront, « Dragonet, seigneur de Montauban, salut. Que tous sachent que

---

(1)... *Castrum de Brues et de Monte Marino et de Torretes, et Bastidas novas, et castrum Sanctæ Mariæ de Carcere, et Carcerem, et Mireval et Pellonam et Jonchiam, et Torrendos...* (*Les Masures*..., I, p. 173 ; *Cartul.*, p. 34).

(2)... *Castrum de Claromonte, castrum Remusa, Cornillon, Cornillam, Bruchet, lo Poy, et Pomeyrol...* (Ibid).

« nous avons fait hommage et promis fidélité, en touchant corpo-
« rellement de notre main les Saints Evangiles de Dieu, au sei-
« gneur Pierre, par la grâce de Dieu, abbé de l'Ile-Barbe, pour
« les châteaux de Lemps, Montferrand, La Fare, Roussieux, Lin-
« seuil et la Batie (1), que nous avons, tenons et possédons en fief
« des abbés et couvent de lad. Ile-Barbe, et avons promis de ren-
« dre tous les châteaux susdits, en signe de reconnaissance, au dit
« seigneur abbé et aux siens; et que, reçus en ceux-ci, l'abbé
« même et les siens sont tenus de nous les rendre dans le mois
« après en avoir été requis par nous. Fait l'an du Seigneur 1245,
« après les octaves de Pâques, dans le pré devant le château
« d'Encenne (2). » Ajoutons qu'un accord de 1246 transmit à Dragonet de Montauban les droits de l'abbé sur les terres de Bertrand
de Mison à la Fare, et que le même Dragonet en rendit hommage
au même abbé (3). Enfin, c'est apparemment à l'occasion du haut
domaine de l'Ile-Barbe sur les domaines du seigneur de Montauban, que le dauphin de Viennois se porta garant pour Dragonet
vis-à-vis d'un des abbés de ce grand et puissant monastère (4). Nous
ne savons en quelle année eut lieu ce dernier acte ; mais le Dragonet qui y figure doit être celui qui, institué héritier par son
grand-père de même nom, en 1236, mourut en 1278. Ce serait
donc celui qui a figuré dans les actes déjà relatés de 1245 et 1246.

Des documents que nous venons de mettre à profit, il résulte
que, aux temps où nous sommes arrivés, l'abbé Pierre apparaissait
souvent dans les vallées de l'Aigues et de l'Oulle. Il y était en

---

(1) «... Pro castris de Lens, Monte Ferrando, de Fara, de Roceu, de Nixolio et de Bastida ... » (*Les Masures...*, I, p. 165).

(2) *Les Masures* cit., I, p. 165.

(3) *L'Arrond. de Nyons*, I, p. 311-2. — *L'Invent. des arch. des dauph.* en *1346* mentionne (n° 1252) un acte du 9 des calend. de décembre 1266, écrit par Guillaume, notaire de l'évêque de Vaison, et contenant « *quandam concordiam factam inter abbatem Insule Barbare et dom..., dominum Montis Albani, de dominio et segnoria quam habebat in Bertrando de Missone apud Leyns et Faram et de castro de Rosseu et de Xuxol, cum suis pertinentiis, et de homagio prestito pro predictis dicto abbati.* » C'est peut-être un seul et même acte avec l'accord cité de 1246, et où on aura de quelque part faussé le chiffre des dizaines dans la transcription de la date.

(4) *Item, lictere quod dom. dalphinus fidejussit in manu abbatis Insule Barbare pro dom. Draconeto..... Item, lictera fidejussionis facte per dom. dalphinum abbati Insule Barbare pro dom° Draconeto.* (UL. CHEVALIER, Invent. des archiv. des dauphins en 1277, n°° 266 et 273.)

1245 et probablement en 1246. Mais il n'était apparemment ni en Provence ni à l'Ile-Barbe lorsque, en 1247, les évêques de Die et de Sisteron vinrent à l'Ile pour savoir, à l'aide des documents contenus dans les archives de cette abbaye, duquel de ces diocèses était le prieuré de Saint-May (*Sancti Marii*), que le grand prieur de l'Ile adjugea à Sisteron ; car l'acte à ce relatif ne parle pas de cet abbé. Toutefois, celui-ci était de nouveau descendu vers la Provence en 1250, année où il « se transporta au prieuré aux Nonains « d'Alerac en Languedoc, où la prieure, nommée Nerlamunda, luy « promit obeyssance et fidélité. Nostre chartulaire (dit Le Laboureur) adjouste qu'il receut ses droits de visite et que la prieure et « les religieuses lui rendirent compte (1). »

Le monastère d'Aleyrac devait peut-être sa fondation à l'Ile-Barbe, comme le monastère de Notre-Dame du Plan. Il avait avec ce dernier une singulière ressemblance, du moins dans ses rapports avec l'abbaye en question. Ses religieuses suivaient la règle de Saint Benoît. Fondé pour le plus tard au commencement du xii° siècle, comme le prouve une « donation en faveur du dévot monastère d'Aleyrac » datée du 5 mars 1105, il ne paraît plus jusqu'à 1250, année où sa mention dans les archives de l'Ile-Barbe et la visite dont nous avons parlé prouvent déjà sa dépendance envers cette abbaye. En 1255, il transige avec les habitants de Salles, ainsi qu'en 1269, temps où le monastère, sous le vocable de Notre-Dame, avait Esclarmonde pour prieure. Une charte du 12 septembre 1295, analysée par l'*Inventaire de la Chambre des Comptes*, nous révèle un accord entre le monastère et le comte de Valentinois. La dernière clause porte que les religieuses doivent faire approuver cet accord et leur hommage au comte Aimar par l'abbé de l'Ile-Barbe. L'homologation de l'acte par cet abbé eut lieu le 6 juin 1325, et l'assistance du prieur d'Aigu à deux actes de 1337 intéressant le monastère d'Aleyrac confirme à son tour les liens de celui-ci avec l'abbaye. D'après Expilly, la dernière religieuse étant morte, l'abbé de l'Ile-Barbe se mit en possession du monastère le

(1) Voici le texte même du cartulaire : « *Fidelitas et obedientia priorisse et conventus de Alayriaco.* — Anno Domini M° CC° L.°, feria V, die Veneris post *Jubilate Deo*, abbas Insule Barbare venit ad monasterium Aylerat et na Clamondia, priorissa ejusdem loci, promisit ei fidelitatem et obedientiam et etiam alie moniales, et dominus abbas recepit ibi suum procurationem et etiam computum a priorissa et ab aliis monialibus ejusdem loci. » (*Cartul. cit.*, p. 20-1).

18 janvier 1440, mais on sait que les biens de celui-ci furent, bientôt après, unis au Chapitre de Montélimar, qui vendit les droits seigneuriaux en 1528, et finit même par abandonner les dîmes.

Après cette visite d'affaires et d'intérêt aux religieuses d'Aleyrac, non pas « en Languedoc, » mais sur les confins du Dauphiné et de la Provence, et où l'on trouve encore, en 1269, la prieure Esclarmonde, l'abbé fit encore la même année une tournée en Provence. On l'y trouve recevant foi et hommage de la plupart des gentilshommes vassaux de l'Ile-Barbe pour les terres et biens qu'ils tenaient de cette abbaye. Enfin, comme nous l'avons vu un peu plus haut, il était à St-May, pour une affaire semblable, vers le milieu de l'année 1251 (1).

Ces visites fréquentes de l'abbé dans les terres abbatiales du Dauphiné et de la Provence sont facilement expliquées par les affaires graves et importantes que nous venons de le voir traiter dans ce pays. Mais elles s'expliquent surtout par des affaires plus graves encore et par les grands changements qui s'y préparaient, comme nous allons le voir. Avec la seconde moitié du XIIIe siècle, l'Ile-Barbe allait sortir d'une longue période d'accroissement, pour entrer dans une période de diminution et de déclin. Ses abbés semblent avoir tout fait pour empêcher le mal ; mais un nouveau courant, à la fois social, féodal et politique, leur était contraire, et ils en subirent forcément l'action.

III

Saint-May, Lemps, Remuzat, Pommerol, La Charce, Cornillac, et Cornillon dépendaient de l'Ile-Barbe, même au temporel. Mais, selon Louvet, Charles d'Anjou, devenu comte de Provence le 19 janvier 1246, par son mariage avec Béatrix, fille de Raymond-Bérenger, « ne vouloit point de compagnon, » et prenait ces terres

---

(1) *Masures*, 1, p. 165-73. — J. CHEVALIER, *Essai histor. sur Die*, t. Ier, pp. 351-2 et 476-5. — G. GUIGUES et comte de CHARPIN-FEUGEROLLES, *Cartul. de l'Ile-Barbe*, 1, pp. 13, 20-1, 26, 34-5, 234-5. — Archiv. de la Drôme, E. 1556. — *Gallia Christiana*, I, col. 489. — U. CHEVALIER, *Invent.* cit., n° 1271. — LACROIX. *L'arrond. de Montélimar*, 1, 51-76.

« en échange des Cosses ou Coisses de Sisteron, » en 1262 (1). Ces mots, où la concision l'emporte sur l'exactitude et la clarté, supposent chez Charles d'Anjou plus d'ambition que de bienveillance pour l'Ile-Barbe dans l'affaire qu'ils rappellent. Et cependant le bon Le Laboureur, historien de cette abbaye, voit presque un moyen de salut pour celle-ci dans l'association et l'échange que Charles fit avec elle en 1262 ; il représente presque l'abbé et ses religieux comme les ayant demandés à ce comte, et comme heureux d'avoir pu les obtenir. Nous croyons qu'il y a de part et d'autre quelque exagération. Sans doute, Charles d'Anjou cherchait à s'agrandir ; mais il obéissait en cela à un désir assez naturel au cœur de l'homme, et on ne pourrait l'en blâmer qu'autant que ce désir eût été démesuré, ou que les moyens employés pour s'agrandir eussent été déloyaux et injustes. Peut-être, cependant, le comte a-t-il profité de la considération et de l'influence que lui donnait auprès des évêques et des abbés de sa région la bienveillance évidente et légitime du Saint-Siège envers la maison d'Anjou, pour s'immiscer dans les affaires temporelles de leurs églises et abbayes. Cette immixtion protectrice s'accordait assez bien avec l'acheminement à la souveraineté, et l'histoire nous montre le même comte et son fils faisant avec le clergé de leur comté ou du voisinage, plus d'un contrat analogue à celui de 1262 entre Charles Ier et l'Ile-Barbe. Pour nous borner, citons seulement les actes passés par ces comtes avec l'archevêque d'Aix en 1257, avec l'évêque de Gap en 1271 et 1281, avec l'abbaye d'Aiguebelle en 1280, et avec Montmajour en 1292 (2). Mais parlons avec quelques détails de celui de 1262 intéressant l'Ile-Barbe, en suivant le récit de Le Laboureur, fort bienveillant pour Charles, ou mieux encore le texte des actes à ce relatifs, que cet historien n'a pas toujours exactement traduits.

L'abbé Pierre « avait toujours eu grand soin du temporel de son
« église, et particulièrement des terres de Dauphiné et Provence,
« qu'il possédoit en souveraineté ou, quoy que ce soit, sans recon-
« noistre aucun supérieur. » Or, « jugeant que la conservation de
« son autorité et indépendance en ce païs luy seroit assez difficile
« en estant si éloigné, il s'advisa de se mestre luy et ses terres,

---

(1) *Abrégé de l'Histoire de Provence*, t. Ier, pp. 160 et 520.
(2) *Gallia*, I, instr., pp. 68-9 et 87-8. — *Annales de l'abbaye d'Aiguebelle*, t. Ier, pp. 206-14, 464-9. — F. de MARIN de CARRANRAIS, *L'Abbaye de Montmajour*, p. 64. — VALBONN., *Hist. du Dauph.*, I, 252 ; II, 93-5.

« chasteaux, forteresses, prieurés, etc., sous la protection des
« comtes de Provence, dont les limites comprenoient alors la meil-
« leure partie de l'Embrunois, Gapensois et Dyois, qui sont au-
« jourd'huy du Dauphiné. »

L'abbé conféra donc de l'affaire « avec ses religieux, qui se trou-
« vèrent quarante, tous gentils-hommes des meilleures maisons
« du pays ; ils passèrent procuration sous leurs seaux à frère Gui-
« chard, prieur de Saint-May, et à frère Guillaume, prieur de
« Lemps, pour la conclusion de l'affaire. » Ils donnèrent à ceux-
ci « plein pouvoir de mettre tous leurs chasteaux, forteresses,
« prieuréz, » avec leurs hommes, territoires, possessions, dominations et justices des diocèses d'Embrun, de Gap, de Sisteron et de
Die, sous la protection et sauvegarde (*sub guidagio et salvacione*)
du seigneur Charles, roi de Sicile, comte d'Anjou, marquis de
Provence et comte de Forcalquier, et de les recevoir de lui ou de
les lui donner en fief, de la manière qu'ils trouveront plus convenable.

En vertu de cette procuration, datée du 26 avril 1261, nos
prieurs, au nom de l'abbé et du couvent *reprennent* en fief franc
et quitte de toute charge, la juridiction et toute justice, que cet
abbé et couvent ont ou auraient, ou que d'autres ont ou auraient
pour eux sous leur seigneurie et juridiction, dans les châteaux,
forteresses, prieurés et juridictions possédés ou à posséder par lesdits abbé et monastère dans les diocèses d'Embrun, de Gap, de
Sisteron et de Die. Voici dans quelles conditions :

Le comte de Provence prendra tous les ans une émine rase
d'avoine de chaque maison ou ménage des châteaux de Lemps, de
St-May, du château de Remusat et du prieuré et monastère d'Allemont, en marque de seigneurie ; la recette « s'en fera par les
« prieurs, » mais aux dépens du comte; si des habitants étaient
insolvables, « l'abbé et les prieurs ne seroient tenus de payer
« pour eux. »

Nul ne pourra avoir, lever ou acquérir quelque sauvegarde sur
lesdits lieux, châteaux ou hommes desdits lieux, sans le consentement desdits abbé et monastère et dudit comte, sauf les impôts,
sauvegardes et gardes réservés auxdits abbé et monastère, que les
prieurs perçoivent sur les châteaux, villes et prieurés et sur les
habitants desdits lieux.

Le comte et l'abbé auront « droit de chevauchée esdits chas-

« teaux, » forteresses et « prieuréz, aux dépens toutesfois du comte,
« et ce lorsqu'il seroit en guerre et que tous les autres sujets mon-
« teroient à cheval. Si toutefois l'abbé en avoit besoin pour sa
« querelle particulière, » il lui serait « permis de les lever et les
« conduire pour ses affaires par toutes les terres dépendans du
« comte, sans qu'aucun l'en peût empescher. »

« Les deniers provenant du rachapt ou exemption de ces che-
« vauchées » seront communs à l'abbé et au comte.

Ce dernier, en retour de « cette soumission et reprise de fief, »
payera tous les ans à l'abbé 50 livres de bons *coronats* de Provence de rente annuelle qui sera assignée sur les lieux les plus
commodes et les plus proches des terres abbatiales.

En cas de vente, échange ou aliénation de ces fiefs ou de quelqu'un d'eux, le comte ne pourra en aucune manière les acquérir
ou retenir, ni avoir treizain ou lods; mais les autorisation et confirmation, lods et treizain, appartiendront toujours auxdits abbé
et monastère.

Les fiefs situés « dans la juridiction de l'Eglise, tombans en
« commise, » appartiendront à l'abbé.

Celui-ci ne sera tenu de faire nouvelle reconnaissance de cette
soumission et inféodation, que sur sommation du comte ou de son
sénéchal.

Les hommes de l'abbé ou leurs vassaux ne pourront plaider en
la cour du comte qu'en cas « d'appel et de ressort. »

Le comte ne connaîtra pas des crimes ou délits des hommes des
lieux susdits, fussent-ils étrangers ou dudit comte; mais aux seuls
abbé, prieurs ou leurs juges, il « sera permis d'informer, connois-
« tre et condamner lesdits hommes, » à moins que le comte n'acquit des « fiefs dans les terres de l'abbé et de l'Eglise, de leur
« consentement. »

« La justice et punition des crimes commis avec port d'armes
« sur les chemins publics dans les lieux cy dessus désignéz, par
« les habitans des lieux ou autres, » sera « commune au comte et
« à l'abbé, quant bien les officiers du comte auroient prévenu
« ceux de l'abbé. »

Les « premières appellations des officiers de l'abbé ou des
« prieurs » ressortiront devant l'abbé seul ; quant à « celles des
« vassaux dudit abbé » ou des juges de ces vassaux, les premières
ressortiront « devant » cet abbé, « et les secondes et troisièmes, »

le cas échéant, seront « communes aux juges du comte et de
« l'abbé. »

Le comte et ses successeurs ne pourront établir dans aucun desdits châteaux, de bailli, châtelain ou courrier quelconque y ayant juridiction ou pouvoir de l'exercer.

Le comte donnera à l'abbé le fief qu'il « a au château de Vau-
« cluse *(in castro de Valleclusa)*, et pourvoira à ce que les seigneurs
« de Vaucluse » reconnaissent tenir en fief de l'abbé et du monastère ledit « château de Vaucluse » avec ses territoire et dépendance, à charge pour l'abbé de les tenir en arrière-fief du comte aux mêmes conditions qu'il en tenait les châteaux et autres choses que lesdits procureurs viennent de recevoir en fief du comte.

Le comte restituera à l'abbé le fief du château de Saint-Martin, d'Ubaye et de Salonet, et la haute et moyenne justice de ces châteaux, ainsi que les autres choses que ce comte y possède, notamment les lods et treizeins qu'il y perçoit.

Les biens que le comte viendrait à acquérir, de quelque manière que ce fût dans les châteaux et biens susdits, en sus des choses qu'on vient de dire, seraient rendus, dans les deux mois, à l'abbé et sur sa simple réquisition, à moins que le comte ne les eût acquis du consentement de l'abbé.

Le comte ni ses successeurs ne pourront donner en fief, emphytéose *vel in libellum*, ni autrement séparer, vendre, aliéner ou distraire lesdits fiefs ou quelqu'un d'eux, ou les transporter à des personnes autres que ses propres héritiers universels, sans le consentement de l'abbé ou de l'église de l'Ile ; faute de quoi, les abbés demeureraient déchargés de toute fidélité et sujétion envers le comte, la présente reprise de fief demeurant nulle et sans effet.

En cas de mutation de seigneur ou de vassal, les abbés et leurs successeurs ne seront tenus à faire nouvelle reconnaissance, que les comtes n'aient auparavant ratifié et juré d'observer le présent traité.

Si les fiefs ci-dessus venaient à être vendus, échangés, détachés ou aliénés en tout ou en partie, le comte ni ses successeurs ne pourraient les acquérir ni se les approprier ou attribuer en aucune manière, encore moins en prendre lods ou treizein. En tout événement, les autorisation, confirmation, lods et treizeins pour tout ce que dessus, doivent appartenir auxdits abbé et monastère. Cependant, si ceux-ci ne voulaient ou ne pouvaient pas acheter, acquérir ou retenir les choses vendues par les vassaux ou quelqu'un d'eux, en partie ou en tout, dans la vallée de l'Oulle et celle du Bodonais, et qui sont du fief desdits abbé et monastère médiatement ou immédiatement, le comte et les siens pourraient les acheter, acquérir et retenir à juste prix. Alors, il faudrait auparavant satisfaire les abbé et monastère pour les lods et treizeins, et leur donner un bon échange et une bonne compensation pour ledit fief, à la volonté et ordonnance du prieur de St-May et de celui de Lemps ; et les abbé et monastère ne pourraient investir personne de ces biens sans les avoir d'abord fait refuser au comte ou aux siens. D'autre part, le comte ne pourra acquérir ni retenir chose quelconque dans le château de Remusat ou dans son territoire, ni dans les territoires de la Jonche, de Soubeyran et de Pellonre, sans l'exprès consentement de l'abbé et du monastère.

Le comte ne pourra établir aucun bailli, châtelain ou courrier dans les châteaux et prieurés ci-dessus, à moins qu'il n'eût acheté quelque terre des vassaux susdits et du consentement de l'abbé ; hors ce cas, l'abbé pourrait rejeter ces officiers.

Le comte sera tenu de protéger et défendre de toute injure, oppression et vexation ledit abbé, ses prieurs, les religieux, leur famille et leurs serviteurs, lesquels se soumettront toutefois à la justice du comte, s'ils y sont légitimement appelés.

L'information, la punition, la condamnation et l'exécution des crimes et délits commis par les officiers et famille de l'abbé appartiendront à celui-ci, à moins qu'ils n'eussent été commis dans quelque terre acquise par le comte du consentement de l'abbé.

Les châteaux repris en fief du comte par les procureurs de l'abbé et du Chapitre, ne pourront tomber en commis faute de reconnaissance au temps convenu et prescrit par le droit.

Le comte ne pourra prendre en sa garde, aider ou conseiller aucun des vassaux desdits abbé et monastère ou autres hommes à elle appartenants, contre les abbé et prieurs susdits, sans le consentement desdits abbé et couvent.

Les nouveaux sénéchaux de Provence, en entrant en charge, devront jurer d'observer le présent traité ; faute de quoi, lesdits abbé et prieurs ne seront pas tenus de les reconnaître et de leur rendre obéissance.

Lesdits abbé et prieurs pourront acquérir toute sorte de biens dans le territoire desdits châteaux et par toute la terre du comte, sauf cependant les châteaux et leur juridiction, et à condition que tout bien acquis demeure du fief dudit comte, comme toutes les choses ci-dessus déclarées.

Cet acte fut passé en l'église de Brignoles (1), le 30 avril 1262, en présence de messire Bertrand Raybaud, seigneur d'Orpierre (*Auri Petra*) (2) ; de Bertrand de Mévouillon, seigneur de Ribiers ; de messire Raybaud, dit le Fort ; de messire G., seigneur de Moustiers ; de messire Guillaume Auger, seigneur de Virtole ; de frère J., prieur de Clémensane ; de Bertrand, prieur du Monêtier-Allemon ; de R., sacriste de Bollène, etc. (3). Mais l'exécution du traité fut retardée de longues années, apparemment à cause des affaires de Naples et de Sicile. En effet, celles-ci devaient d'abord aboutir au couronnement de Charles d'Anjou lui-même, au Vatican, comme roi de Naples et de Sicile, le 6 janvier 1266 ; mais elles ne continuèrent pas moins à occuper ce prince jusqu'à sa mort en 1285, et plus tard Charles II, son fils.

Par suite, le comte de Provence ne paraît pas intervenir jusqu'à la fin du XIIIe siècle dans les actes féodaux des localités dont le traité de 1262 lui avait conféré la protection et la souveraineté. Seuls, les abbés continuent à y gérer les affaires. C'est ce que nous voyons par divers actes de ce temps.

Parmi ceux-ci, nous signalerons notamment l'hommage rendu le 10 août 1265, à l'abbé de l'Ile-Barbe, par Dragonet, seigneur de Montauban, et dont voici la substance :

1º Dragonet reconnaît tenir en fief de l'abbé les châteaux de Roussieux, de Montferrand et de la Fare, et celui de Linseuil, avec leurs territoires et appartenances, et le fief que Bertrand de Mison tient de Dragonet lui-même dans les châteaux ou villes de Lemps et de la Fare et leurs territoires, avec tout ce que ledit Bertrand tient et possède dans les territoires ou tènements ou appartenances de la Lause et de Labrot et de Ban, et tout droit et propriété, tout domaine, toute seigneurie et juridiction, tout us et usage, et généralement tout ce que possède ledit seigneur Dragonet ou le seigneur Bertrand, ou que d'autres, ses fidèles, quels

(1) *Brinoniam*, var. *Bruoniam*.
(2) Var. *Arree Porre* et *Arre Porte*.
(3) *Les Masures* cit., I, p. 177-81 ; — *Invent. somm. des arch. des Bouches-du-Rhône* ; — LACROIX, *L'Arrond. de Nyons*, I, p. 379 ; — *Cartul. de l'Ile-Barbe*, pp. 48-56, 240-1.

qu'ils soient, tiennent de lui ou pour lui, ou que d'autres, quels qu'ils soient, tiennent pour ses fidèles ou pour eux, dans lesdits châteaux et villes et dans leurs territoires et appartenances, et dans lesdits tènements ou territoires de la Lause, de Labrot et de Ban, tant en hommes, édifices, quarts, cinquins, tasques, services, chevauchées, tailles, impôts, qu'en bois, prés, vignes, terres, droits de pâturage, pâturage, domaines, dominations, seigneuries, fiefs ou alleux, et tous autres biens ou droits. Dragonet confesse tenir tout cela en fief, comme ses prédécesseurs l'ont tenu jusqu'ici, desdits abbé et monastère, et sous leur domaine et juridiction ; il leur sera toujours fidèle et leur fournira conseil, secours, et toutes autres choses dues par tout fidèle vassal à son vrai seigneur.

2° Dragonet tiendra tout cela, comme les siens l'ont tenu jusqu'ici, dans les conditions que voici : Dragonet, ni ses successeurs ou héritiers ne doivent avoir ni tenir dans la ville de Lemps, ni dans son territoire, ou dans les tènements ou territoires de la Lause et de Labrot et de Ban, ni châtelain, ni bayle ou vicaire, procureur ou personne quelconque exerçant juridiction ou seigneurie quelconque dans lesdits lieux ou ailleurs.

3° Ledit seigneur Dragonet ou ses héritiers ou successeurs ne doivent arrêter ni détenir aucun des hommes de Lemps avant d'avoir requis le prieur de ce lieu ou ses successeurs de faire justice, et, tant que le prieur ou ses successeurs voudraient faire complément de justice de ces plaignants, ne recevoir ni tenir aucun de ces hommes en tutelle, protection ou garde, ni maintenir ou affranchir quelque homme sur ladite ville ou dans le territoire de Lemps ou dans les tènements ou territoires susdits.

4° Dragonet, ni ses successeurs ou héritiers ne doivent avoir ou acquérir à titre d'achat, de vente, ou à titre d'échange, de donation ou de tout autre acquisition ou transaction, ni domination, juridiction, seigneurie, propriété ou possession quelconque, servitude, ni droit, usage, ou quoi que ce soit autre, dans les châteaux ou villes de Lemps et de la Fare, de Montferrand, ou dans leurs territoires et appartenances, ni dans les territoires de la Lause, de Labrot et de Ban, sans licence, concession et consentement de l'abbé, du prieur et de leurs successeurs, soit que les choses susdites qu'ils acquéraient ou voudraient acquérir fussent tenues sous le fief de Dragonet ou dudit seigneur Bertrand, ou de tout autre personne, soit qu'elles fussent des propriétés ou alleux dudit seigneur Bertrand, ou des feudataires de Dragonet, ou de toute autre personne.

5° L'abbé ou le prieur de Lemps et leurs successeurs pourront, toutefois, pour le susdit monastère ou l'église de Lemps, acquérir dans les châteaux et villes susdites et dans leurs territoires de la Fare et de Lemps et de Montferrand, et dans les territoires ou tènements de la Lause, et de Labrot et de Ban, sans en demander la permission audit seigneur de Montauban et à ses successeurs et même malgré eux, des propriétés, possessions, choses, revenus, servitudes, juridictions, domaines, seigneuries, forteresses et châteaux, et tout ce qu'ils voudront et pourront. Le seigneur Bertrand ni ses successeurs ou ses vassaux ne pourront rien vendre, donner, échanger ni transporter à aucun titre, à qui que ce soit, de ce qu'ils auront dans lesdits châteaux ou villes de Lemps et de la Fare et de Montferrand et dans les territoires ou tènements de la Lause et de Labrot et de Ban, si ce n'est auxdits abbé et prieur de Lemps, ou à leurs successeurs, pour lesdits églises de Lemps et monastère, même avec la permission dudit seigneur Dragonet, qui ne la donnera pas, à moins que lesdits abbé et prieur et leurs successeurs ne refusent de les prendre à juste prix.

6° Le seigneur Dragonet et ses successeurs n'auront dans le château ou ville de Lemps et de la Fare et de Monferrand, ni dans lesdits territoires et tènements de la Lause et de Labrot et de Ban, ni sur les hommes de ces lieux, aucun droit de chevauchée, de ban ou interdit du blé; s'ils l'avaient jamais eu, ils y renoncent en faveurs desdits abbé et ses successeurs et aussi desdits hommes.

7° Le seigneur Dragonet ni ses successeurs ne pourront lever ni recevoir aucuns services ou usages, servitude ou cens, dans les villes ou châteaux de Lemps et de la Fare ou de Montferrand, ni sur quelque homme de ces lieux, ni dans les territoires ou tènements de la Lause et de Labrot et de Ban, si ce n'est des volonté et consentement desdits seigneur abbé et prieur et de leurs successeurs ; s'il en a eu la pratique et le droit, il y renonce absolument en faveur dudit abbé et de ses successeurs.

8° A raison dudit fief, ledit seigneur Dragonet a fait hommage au seigneur abbé, ses mains jointes et posées entre celles dudit seigneur abbé, et avec le baiser de paix, et il a promis de rendre tous les châteaux ou forteresses audit seigneur abbé et à ses successeurs sur toute réquisition de leur part, et sous peine d'encourir perte et commis de tous ces fiefs, et sous peine de 100 marcs d'argent fin et de perte de tous ses biens quels et où qu'ils soient, d'observer tout ce que dessus par lui et ses successeurs. Fait à Bollène, diocèse de Trois-Châteaux, dans le cloître, en la chambre voûtée inférieure, présents: Ricard, sacristain de Bollène; Girin Portabo, moine; Ponce de Saint-Just; Guillaume de Saysie, prieur de Lemps, etc.

Il y a lieu de signaler aussi un accord et transaction du 10 février 1270, réglant des différends qui s'étaient élevés entre Raymond de Mévouillon jeune et l'Ile-Barbe. Dans ces différends il s'agissait de la seigneurie et juridiction du lieu des Tourretes et du château de Montmorin, de Bruis et de Sainte-Marie et de la Charce et de Pommerol et de Cornillon et de Cornillac et du Bruchet et de Clermont, du château de Remuzat, des lieux et territoires de la Jonche et de Pellone et de Miraval et du château de Tarandol et du château du Poët, et de leurs tènements et dépendances, et des propriétés ou *dominicatures*, et des reconnaissances féodales qui devaient en être faites. Les parties comprirent que le choix d'un arbitre sage et impartial était le meilleur moyen de tout régler. Aussi les abbé et couvent de l'Ile-Barbe ayant donné, le jeudi après la quinzaine de Pâques 1269, à Guichard *de Chancerlaz*, prieur de Saint-May du Val de Bodon, pouvoir et charge de les représenter dans le règlement, Raymond de Mévouillon jeune et ce prieur s'abouchèrent dans la maison claustrale de Visan. Là, le 18 avril de ladite année, les deux parties convinrent de s'en rapporter à l'arbitrage et à la décision de B[ertrand] de Clansayes, évêque de Trois-Châteaux. L'acte de ce compromis fut fait par Lambert, notaire de Trois-Châteaux, en présence de divers gentilshommes et de Raymond Guigues, notaire de Raymond de Mévouillon. Puis, le 10 février 1270, l'évêque susdit, ayant devant lui ce seigneur et l'abbé de Saint-May, fit l'arrangement suivant, dont s'était déjà occupé, avant de devenir dominicain, Raymond de Mévouillon, père de ce même seigneur :

1° Raymond de Mévouillon, fils de feue dame Sybille, reconnaît que son père a tenu et que lui-même tient en fief desdits abbé et couvent les châteaux et lieux suivants avec leurs mandements, territoires, droits et appartenances, savoir : la moitié du château de Montmorin, le lieu et la bâtie des Tourretes, le château de Pommerol, celui de Cornillac, celui de Cornillon, le tiers de celui de Clermont, tout ce que ledit Raymond a de droit à Pelonne et à Miraval, diocèse de Gap, tout ce qu'il a de seigneurie au Bruchet, le château de Remuzat, diocèse de Die, et la moitié du château du Poët du val de Bodonais, et tout ce que le même Raymond a à *Verichia*, diocèse de Sisteron, avec exception des biens que lesdits abbé et monastère ou leurs prieurs possèdent dans les châteaux et lieux susdits, biens qui encore seraient tenus de l'Ile-Barbe par Raymond dès le jour où ils passeraient à ce dernier.

2° Raymond, fait hommage et jure fidélité pour tout ce que dessus à Guichard, représentant l'abbé de l'Ile, comme son père l'a fait plusieurs fois, et comme ses successeurs de lui-même devront le faire, aux changements de seigneur ou de vassal.

3° Raymond reconnaît que lui et ses successeurs doivent, à raison de ce que dessus, défendre, aider et maintenir contre quelques personnes que ce soit, l'empereur excepté, et contre toute *université* (ville ou commune), lesdits abbé et couvent et leurs prieurs et prieurés, et cela aux frais de Raymond et de ses successeurs, depuis les villes de Die et de Gap jusqu'au château de Sainte-Jalle du val de Bodonais et dans les diocèses de ces villes, mais aux frais des mêmes abbés et couvent, partout ailleurs.

4° Raymond ne peut, à l'occasion du territoire de la Jonche ou autrement, faire d'acquisition au-delà du col de Curnier du côté du château de Saint-May.

5° Il reconnaît, au contraire, que lesdits abbé, monastère et prieurs peuvent faire à titre légitime, de qui que ce soit, toute acquisition dans les territoires de la Jonche, de Pelonne et de Miraval, sans en demander l'autorisation à Raymond ou à ses successeurs. Toutefois, ceux-ci pourront dans l'année, s'ils le demandent et le veulent, avoir la moitié des biens qu'acquerraient lesdits abbé, monastère et prieurs, sauf à payer la moitié du prix et des dépens, ou dans les cas de legs, d'échange ou autrement, à leur remettre la moitié de la valeur de l'accroissement d'après une juste estimation. D'autre part, Guichard reconnaît à Raymond et à ses successeurs le droit de se dessaisir à juste titre des biens reconnus à la Jonche, à Pelonne et à Miraval, mais avec le droit pour lesdits abbé et couvent de prendre la moitié de ces biens, moyennant payement par eux, à l'acquéreur, de la moitié du prix ou de la valeur équitablement estimée.

6° Désormais, les hommes de la Jonche, de Pelonne et de Mireval, seront communs, pour la juridiction et la seigneurie, auxdits abbé, couvent et prieur de l'église de Saint-May d'une part, et auxdits Raymond et ses successeurs de l'autre.

7° Tant lesdits abbé, couvent et prieurés appartenant audit monastère, que ledit Raymond, peuvent et pourront acquérir à tout titre juste dans lesdits châteaux et lieux, savoir : en la moitié du château de Montmorin, dans le lieu de la Bâtie et des Tourretes, dans les châteaux de Pommerol, de Cornillac et de Cornillon, dans la troisième partie de Clermont, dans le château de Remuzat, dans les lieux de la Jonche, de Pelonne et de Miraval, dans le château du Bruchet, dans la moitié de celui du Poët, et dans leurs territoires, appartenances et mandements ; sauf toutefois que lesdits abbé et couvent, prieurs et prieurés dudit monastère ne pourront acquérir aucune seigneurie de château ou de lieu, des susdits châteaux ou lieux ou de quelqu'un d'eux, ni aucune juridiction en ces derniers châteaux, lieux ou territoires ou mandements ou en quelqu'un d'eux, ces deux mots seigneurie et juridiction quant à ce que dessus étant pris dans le sens du droit écrit, excepté les lieux, territoires et mandements de la Jonche, de Pelonne et de Miraval, dans lesquels ils pourront acquérir à tout titre juste seigneurie et juridiction, à moins qu'ils ne leur vinssent par commis ou autrement à raison du domaine supérieur, sauf toujours et retenu le domaine supérieur et la seigneurie à l'abbé et au couvent susdits, qui les auront toujours sur lesdits châteaux, lieux, territoires et mandements et sur leurs appartenances.

8° Aucun vassal ou seigneur ne sera mis ou reçu intermédiaire, quant au domaine, à la seigneurie ou juridiction sur les choses reconnues, entre lesdits abbé et couvent et Raymond ou ses héritiers et successeurs.

9° Lesdits abbé et couvent ne pourront jamais recevoir d'aucun seigneur aucune des choses reconnues que Raymond a et tient en fief d'eux, à moins qu'elles ne leurs vinssent par commis et autrement à raison du domaine supérieur, tant que Raymond, sa femme, ses héritiers et successeurs, présents et futurs, se seront bien et légalement conduits et auront observé ce que dessus à l'égard desdits abbé, couvent, prieurs et prieurés. Mais, si Raymond, sa femme, ses enfants et ses héritiers ou quelqu'un d'eux, venaient à forfaire, l'abbé et le couvent seraient libres de recevoir d'un seigneur quelconque, de livrer ou reconnaître le tout ou quelque chose des biens reconnus, à moins que Raymond n'eût réparé ou fait réparer les torts ou forfaits commis par lui, sa femme et ses héritiers ou successeurs, dans les quatre mois qui suivraient la réclamation de l'abbé ou du couvent adressée à ce sujet.

L'acte fut fait à la bâtie de Guillaume de Gerinan, située dans le tènement du château de Visan. Lambert, notaire public de Trois-Châteaux, en fut le rédacteur.

Signalons encore un acte de compromis fait entre le seigneur abbé de l'Ile-Barbe et son couvent, d'une part, et Raymond Geoffroy, seigneur de Montauban, agissant en son nom et en celui de Randonne sa femme, et Pierre de Mison, d'autre part, acte contenant une décision relative aux châteaux de Lemps, de Montferrand, de la Fare et de Roussieux, et à plusieurs autres droits, et écrit par Raymond Guigues, notaire public, le 9 des calendes de mai 1273 (1).

Remarquons surtout le traité fait le 13 juillet 1290 entre Ronsolin, seigneur de Lunel et de Montauban, et l'abbaye de l'Ile-Barbe, au sujet de Lemps et de localités voisines. Parmi les intéressants détails que cet acte nous fournit, il y a lieu de signaler les suivants, que le notaire est loin d'avoir toujours écrits en termes clairs :

La donation que fait le seigneur Ronsolin lui est inspirée par les nombreux et agréables services et les nombreux bienfaits qu'il a reçus de l'abbé de l'Ile-Barbe, de ses procureurs, et des prieurs et recteurs de l'église de St-Pierre de Lemps, et qu'il espère en recevoir encore. Il est vrai que pareils termes dans les actes de ce temps ne sont ordinairement que des formules destinées à revêtir d'un semblant de reconnaissance des concessions arrachées par la force ou par l'intérêt. Aussi croyons-nous beaucoup moins, dans le cas présent, à un mobile de reconnaissance, si affirmée que celle-ci soit dans notre acte, qu'à celui d'un droit, d'une obligation par conséquent, que voici, bien que ce dernier ne soit énoncé dans le même acte que comme une simple prétention de la part de l'Ile.

Ronsolin fait aussi la donation parce que les procureurs de l'Ile disaient que noble homme Raymond Geoffroy et dame Randone son épouse avaient encouru pour plusieurs causes la commise de leur fief et de tout ce qu'ils y tenaient du monastère de l'Ile, auquel ils se trouvaient ainsi ouverts, commis et légitimement acquis.

Pour ces causes et beaucoup d'autres, dit l'acte, le seigneur Ron-

(1) *Cartul.* cit., pp. 243-55 et 297-304. Cf. U. Chevalier. *Invent. des archiv. des dauphins en 1346*, n°⁵ 1231 et 1276

solin, seigneur de Lunel et de Montauban, a donné par donation entre vifs, simple et irrévocable, tout ce qu'il avait de droit au château de Lemps, dedans, dehors, et par tout son territoire et district, et dans les territoires de la Lause et de Labrot, et de Miraval, et de Pelonne. Voici les confronts de ces territoires. Celui de Lemps est confronté d'un côté par celui de Montferrand, d'un autre côté par celui de la Fare, d'un autre par celui de Durfort, d'un autre par celui de la Bâtie-de-Verdun, et d'un autre par le territoire de Ban. Le territoire de Pelonne est confronté d'un côté par celui de la Jonche, selon le cours de l'Aigues, et les autres territoires sont sous celui de Pelonne et de Lemps et le cours de ladite rivière.

Tous ces biens, consistant soit en juridictions, haute et basse justice, et autres coercitions, soit en fiefs, arrière-fiefs, hommages, vassaux, droits de vassaux, forteresses, demeures, maisons, fours, moulins, terres cultivées et incultes, prés, bois, pâturages, usages, quarts, cinquins, tasques et autres parts quelconques des fruits, servitudes personnelles, réelles et mixtes, usufruit, et toutes autres prestations, choses et droits, avec leurs dépendances, sont donnés à Ponce de Ginzieu, prieur de Sallonet, et à Imbert de Bergondie, prieur du monastère d'Allemont, procureurs et représentants des abbé, monastère et couvent de l'Ile-Barbe. Ronsolin en investit ces derniers, avec pouvoir à eux et à tous ceux dudit monastère qui seront légitimement autorisés, ainsi qu'au prieur de l'église de Lemps et à ses successeurs, de faire de ces biens tout ce que de vrais possesseurs et maîtres font des leurs. Pour toute contravention de la part de Ronsolin ou de ses héritiers à ce que dessus, le contrevenant serait passible d'une peine de 500 marcs d'argent fin à payer à l'abbé ou au prieur ; et après le payement effectué, tout ce que dessus restera en toute sa force. Pour assurer et garantir tout cela, Ronsolin oblige et met en gage tout le fief qu'il tient et et doit tenir pour ledit seigneur abbé et l'église de l'Ile.

Sans déroger à ce qui est ainsi réglé, sans préjudice pour l'Ile à la propriété et possession des biens qui viennent de lui être assurés, les parties conviennent de ce qui suit :

Ledit seigneur de Lunel et de Montauban se charge de payer pour ledit monastère et pour le prieuré de Lemps, à Raymond de Mévouillon 50 livres tournois ; il promet solennellement de les payer auxdits procureurs et au notaire de l'acte même solennellement stipulant et recevant, aux nom et place dudit monastère, du prieuré, au nom et place de Raymond de Mévouillon, de sorte que ce dernier tiendra quittes le monastère de l'Ile-Barbe, son abbé, les procureurs susdits et l'église de Lemps ; par suite, Raymond de Mévouillon rendra sans retard l'acte qu'il a de l'obligation de cette dette, et Ronsolin rendra, par lui et ses héritiers et successeurs, ce document aux procureurs susdits ou à l'un d'eux, ou au prieur de Lemps.

De plus le même seigneur de Lunel et de Montauban, par lui et ses successeurs, s'engage à payer pour ledit monastère, aux nom et place de ce dernier, à Pierre de Mison 60 livres coronats, s'il se trouve que ce monastère ou l'église de Lemps soit tenu en quelque chose audit Pierre. Dans ce cas, le même seigneur fera tenir quittes par ledit Pierre, et jusqu'à cette somme, ledit monastère et l'église de Lemps, ou celui et ceux qui, pour quelque cause, étaient obligés au même Pierre jusqu'à la même somme.

De plus ledit Ronsolin, par lui et ses héritiers, doit payer ce qui était resté dû de l'acquisition de Pelonne, c'est-à-dire ce qui était resté à payer à Jourdan de Rozans du prix de l'acquisition de Pelonne, 27 livres viennoises, que Ronsolin s'engage à payer pour ledit monastère audit Jourdan. Ronsolin en fera tenir quittes par Jourdan le même monastère et les autres personnes qui se trouveraient obligées jusqu'à cette somme pour ce monastère au même Jourdan.

De plus, Ronsolin et ses successeurs devront satisfaire ledit monastère pour l'ouverture et la commission jadis faites de fiefs que Raymond Geoffroy et feue dame Randone, mère dudit Ronsolin, ont tenus dudit monastère et qu'en tient maintenant ledit seigneur de Lunel, ouverture et commission desdits fiefs dont ledit seigneur de Lunel et de Montauban doit par lui et ses successeurs satisfaire ledit monastère ou les procureurs de celui-ci à l'arbitrage et connaissance du prieur de Sallonet et de maître Pierre de Lacelme, sans plaidoyer ni jugement. Ronsolin doit, par lui et ses successeurs, faire hommage à l'abbé et lui prêter le serment de fidélité pour le fief susnommé soit pour les fiefs et châteaux que ledit Ronsolin tient et doit tenir pour ledit abbé ou son monastère, et cela aux mode et forme usités et appliqués dans les actes sur ce rédigés.

De plus, Ronsolin doit, par lui et ses héritiers, acquérir à quelque juste titre tout le droit et toute les actions que Raymond de

Montauban a sur ledit château de Lemps, qu'ils consistent en juridictions, haute et basse justice et coercition, ou en vassaux et droits de vassaux, ou en maisons, forteresses, possessions urbaines et rustiques, ou en servitudes personnelles et réelles, ou en toutes autres choses et droits susdits, qui, acquis dudit Raynaud, seront livrés et donnés par Ronsolin à l'abbé et au monastère susdits sans difficulté ni besoin de recourir à la justice.

De plus, Ronsolin doit rendre le fief de Ban à l'abbé et l'en recevoir en fief, s'il est trouvé que l'Ile avait droit en cedit fief avant que ledit Ronsolin, ou dame Randone sa mère, ou Dragonet père de celle-ci, eussent reconnu tenir en fief ce même fief de Ban par l'Hôpital de Saint-Jean-de-Jérusalem. Dans ce cas, s'il arrivait que le même Ronsolin ne pût retirer aux Hospitaliers le fief de Ban, il donnera et livrera à l'Ile assez des propriétés et possessions qu'il a dans le château et territoire de Ban pour équivaloir à ce fief de Ban. Il les livrera de la manière et à la forme susdites, sans difficulté ni besoin de recourir à la justice, quand les procureurs de l'abbé et du monastère susdits auront de leur côté livré à Ronsolin, à cens et à titre et pour cause de cens, le prieuré de Lemps avec tous ses biens, droits et appartenances, et avec tous les fruits et revenus appartenant à ce prieuré sa vie durant, excepté le droit de patronage tant en la collation qu'en la présentation et la commission des bénéfices avec cure ou sans cure. Si, ce qu'à Dieu ne plaise, Ronsolin venait à mourir avant les 15 ans à courir du jour du présent traité, quelqu'homme probe de la ville de Lemps percevrait, aux nom et place dudit Ronsolin et de son héritier, les fruits, rentes et revenus, et les assignerait aux héritiers du même Ronsolin, sans difficulté aucune. Cela aura lieu à l'égard tant du droit des oblations, dîmes, mortalages, que des juridictions, territoires, corvées, servitudes personnelles et réelles, et des us et usages quelconques, que les recteurs de ladite église de Lemps ont coutume de percevoir. Cela durera jusqu'à l'époque indiquée et avec les charges, pactes et conventions, exceptions et réserves ci-dessous, à observer par Ronsolin sa vie durant et par ses héritiers après sa mort ou par les hommes à choisir qui percevront ces fruits et revenus par le ministère et des mains de cet homme de Lemps à choisir pour les percevoir, tenir et garder. Les charges en question sont les suivantes: Ronsolin et ses héritiers doivent tenir dans ladite église de Lemps deux moines et un chapelain avec un clerc (*duos monachos et unum capellanum cum uno clerico*) à leurs propres dépens à prendre par ledit Ronsolin et sesdits héritiers sur les fruits et revenus susdits, et payer 40 sous couronnés pour leur vestiaire, etc. ; ils doivent tenir l'hospitalité et faire l'aumône accoutumée, et pourvoir à 60 pauvres pour l'aumône du Chapitre général, et faire célébrer dix messes dans ladite église de Lemps tous les ans, comme il a été ordonné de toute ancienneté dans ledit monastère. Il doit payer chaque année, en la fête de Saint-Martin, 17 livres et 13 sous viennois au communier de l'Ile-Barbe et aux autres officiers ; 6 livres couronnées au prieur dudit lieu chaque année pendant le temps susdit ; 60 sous tournois de cinq ans en cinq ans, pour la collecte générale, s'il arrive qu'on la fasse pour quelque raison ou cause universellement tant dans le chef que dans les membres dans ledit monastère, et non autrement. Il doit construire une maison et une chambre voûtée dans l'hôtellerie du cloître de Lemps (*domum et fornellum in hospicio claustri de Lens*), et deux moulins dudit prieuré ; mais il ne pourra durant ledit temps construire d'autres édifices ni faire d'autres forteresses dans le château de Lemps ni dans son territoire ou les territoires susdits, sinon ce qui est contenu ci-dessus. Quant au bayle qui sera là pour exercer la juridiction, il mangera et boira au cloître de Lemps et percevra pour salaire de sa baylie 12 émines de blé et 1 muid de vin pur, et les tasques des chanvres ; et nul autre n'exercera la juridiction dans le château susdit si ce n'est le bayle qui l'y a exercée jusqu'ici pour le monastère ou quelque probe homme de Lemps. Ronsolin, par lui et ses héritiers, payera, fera et fournira, au nom de l'abbé, du monastère, et des prieuré et prieur de Lemps, les procurations, dîmes et collectes des ordinaires et des légats du siège apostolique, et cela sans défaut, diminution ou difficulté. De plus, des violences ayant été faites à quelques hommes de Lemps par des gens de Raynaud de Montauban, et leurs biens ayant été pris, dévastés et emportés, comme affirmaient lesdits procureurs, Ronsolin réparera ces dommages à la connaissance et à l'arbitrage de maître Pierre de Lancelmes, et ni lui ni les siens n'exigeront des hommes dudit lieu au-delà du droit et de l'usage ; s'ils exigeaient au-delà, les procureurs de l'abbé pourraient, après enquête, en connaître et exiger révocation. Ronsolin maintiendra et défendra à ses propres dépens les droits de l'église, conservera les édifices du prieuré sans détérioration, et les refera, sans difficulté, à ses propres dépens de lui Ronsolin et de ses successeurs et héritiers, dès qu'il sera nécessaire.

De plus, Ronsolin et ses successeurs ne pourront à aucun titre transporter en quelque autre personne ladite juridiction du lieu de Lemps, de son territoire ou dudit prieuré, pas même du consentement exprès de l'abbé.

De plus, Ronsolin, par lui et ses héritiers, doit payer 120 livres tournois, pour la métairie *(pro facto)* de Bertrand de Mison, à l'abbé ou aux procureurs du monastère, ainsi que 27 livres que ledit Ronsolin doit acquérir de Jourdan de Rozans, comme il a été dit, et, pour cette acquisition, le couvent doit faire chaque année un anniversaire pour le même Ronsolin, et, après sa mort, pour lui et ses parents.

Ronsolin promet aussi de faire et remettre audit abbé ou auxdits procureurs un inventaire de tous les biens meubles, ustensiles, garnitures de lits et outils qu'il trouvera dans ladite maison de Lemps au temps de la délivrance du prieuré audit Ronsolin ou à son procureur.

De plus, les charges de la sacristie sont les suivantes : le curé ou chapelain (*curatus seu capellanus*) perçoit la dîme dans les terres qui sont cultivées par le prieur, mais le clerc doit percevoir 15 sous couronnés pour vêtements et chaussures.

Après ces articles du traité, les parties en garantissent l'exécution au moyen d'obligation de leurs biens ; puis, on ajoute les articles suivants :

De plus, Ronsolin voulait avoir pour ses guerres propres un certain nombre d'hommes de la ville de Lemps (*certum numerum clientum de villa Lentis*), qui fussent tenus de l'aider à l'avenir, avec des armes, pour ces guerres, lui et ses héritiers légitimes. Les procureurs disaient au contraire qu'il ne pouvait les en avoir ou tirer. On a convenu que deux amis seront choisis par les parties susdites et le seigneur abbé pour troisième, avec charge pour eux de déterminer et préciser le nombre d'hommes à tirer de la ville de Lemps par Ronsolin et par son héritier de sa descendance, et pour leurs guerres seulement (*et pro suis guerris tantum*).

De plus, après les quinze ans susdits, ou, si ce nombre d'ans ne s'écoule pas du vivant de Ronsolin, après la mort de celui-ci, les hommes de Lemps présents et à venir seront quittes et absolument déchargés d'hommage fait ou à faire et de serment de fidélité prêté ou à prêter audit Ronsolin. Ils ne seront dès lors tenus à rien envers ce dernier, ses héritiers ou successeurs, à raison des choses susdites, à moins de nouveaux convenus entre ledit Ronsolin et lesdits procureurs ; au contraire, Ronsolin veut que, le temps susdit une fois écoulé, l'abbé ou le prieur de Lemps, ou lesdits procureurs, prennent de leur autorité propre, possession dudit prieuré de Lemps et de tous les biens et droits susdits comme de leurs biens propres, sans en faire la demande aux héritiers de Ronsolin et malgré ceux-ci, ainsi que de tous les droits acquis ou à acquérir dudit Raymond par ledit Ronsolin. Alors les héritiers de ce dernier et ledit bayle de la ville de Lemps élu ou à élire à leur place leur laisseront le tout pacifiquement, sans en rien retenir, à moins que Ronsolin ne vint à avoir des enfants légitimes ; car, en ce dernier cas, ceux-ci auraient dans la ville de Lemps le nombre d'hommes (*clientum*) que ledit abbé et lesdits deux amis élus par les deux parties auront cru devoir fixer.

Fait dans l'église de Saint-Quentin de Montauban (*in ecclesia Sancti Quintini de Monte Albano*), présents comme témoins Guillaume Trinquier chevalier, Guillaume Bertond prêtre, Michel recteur de l'église de Verdun, frère Pierre Chansée, de l'Ordre des Frères Mineurs, et Pierre de Lacelmes, notaire public, par l'autorité impériale et celle de Ronsolin, qui a écrit l'acte (1).

De plus, le traité du 10 juillet 1293 entre le dauphin Humbert 1ᵉʳ et Raymond de Mévouillon doit d'autant mieux être, à son tour, remarqué ici, que ce dernier seigneur s'y oblige à seconder le dauphin dans toutes ses guerres, sauf contre l'empereur, *l'abbé de l'Ile-Barbe* et l'évêque de Vaison.

En outre l'engagement pris par Raymond de Mévouillon, le 30 novembre 1302, de reconnaître tenir en fief du dauphin de Viennois tout ce qu'il tient de l'Ile-Barbe est surtout à signaler. Raymond ne le fera *qu'autant qu'il en aura la permission des abbé et couvent de l'Ile-Barbe*. Il n'y est pas question du comte de Provence.

Mais enfin, André de Marzieu, créé abbé de l'Ile vers 1296, s'occupa de l'exécution du traité de Brignoles du 30 avril 1262. A cet effet, lui et ses religieux, réunis en Chapitre général, le lundi après la Saint-Martin de l'an 1299, donnèrent ample procuration à frère Guy Arod, moine de l'Ile. Celui-ci s'achemina jusqu'à Aix,

(1) Arch. des Bouches-du-Rhône, B, 388. — *Cartul.* cit., p. 324-40.

et s'y aboucha avec Pierre de Ferrières, archevêque d'Arles et chancelier de Sicile, Richard de Gambatèse, maître d'hôtel de Charles II roi de Naples et comte de Provence, son sénéchal dans ce comté, Jean Cabassole juge mage, et plusieurs autres.

C'est sans doute en vue de l'exécution susdite du traité de 1262 que furent faites, le 23 mai 1303, l'expédition de l'acte d'hommage du 10 août 1265, relaté plus haut, et celle du traité du 13 juillet 1290, également relaté plus haut. Evidemment, c'est dans le même but que furent faites, le 9 janvier 1304, la publication et l'expédition du traité même de 1262. Seulement, ces diverses expéditions, faites par les soins des officiers du comte de Provence, ne prouvent pas que l'exécution de ce traité soit, comme l'insinue fortement Le Laboureur, due à l'initiative de l'abbé de l'Ile. Du reste, cet historien assure lui-même qu'il fallut « plusieurs conférences » pour aboutir à la conclusion définitive de l'affaire. Et puis, divers actes du *Cartulaire de l'Ile-Barbe* montrent positivement que cette conclusion souffrit plus d'une difficulté. Ainsi, nous avons de Charles II des lettres datées de Naples, le 1er décembre 1304, par lesquelles il adresse *requête* et *exhortation* à l'abbé de l'Ile et à son couvent. Il s'agit pour le prince d'obtenir de l'Ile la ratification, l'approbation et la confirmation des conventions et pactes intervenus jadis entre le père de ce même prince et les abbé et couvent du temps, et portant reconnaissance à faire, de toute la terre de la Val d'Oulle et de ses dépendances, par l'Ile au prince. Aussi Charles II déclare-t-il prescrire fermement et expressément, par l'autorité des mêmes lettres, à son sénéchal et à ses autres officiers des comtés de Provence et de Forcalquier, d'observer et faire inviolablement observer ces conventions et pactes autant que cela le regarde. Il ordonne de plus que ce sénéchal reçoive de l'Ile la reconnaissance en question dans les conditions portées par ces mêmes conventions, et cela au nom et de la part dudit prince ou de sa cour. Il déclare d'avance ratifier ce que fera à ce sujet le sénéchal (1).

Toutefois ces lettres n'eurent pas de peine à obtenir l'effet y visé ; elles ne servirent que d'approbation, de la part du comte de Pro-

---

(1) VALBONNAIS, *Hist. du Dauphiné*, t. Ier, pp. 11, 34, 244 ; t II, p. 68. — G. GUIGUES et comte de CHARPIN-FEUGEROLLES, *Cartul. de l'Ile-Barbe*, t. Ier, pp. 297-304, 319-21, 324-40, 350-1, 354. — LE LABOUREUR, *Masures*, t. Ier, p. 191-2.

vence, des décisions déjà prises pour l'exécution du traité de 1262. Celles-ci portaient que, conformément à ce dernier, les 50 livres de coronats promises par Charles 1ᵉʳ à l'abbé et à l'église de l'Ile leur seraient assignées sur le château et le territoire de Bayons et sur le revenu de ceux-ci, suivant l'estimation qui en serait faite par les prieurs de Lemps et de Saint-May, et par le clavaire de Sisteron. Il fut pareillement décidé que la haute et moyenne justice et la juridiction, les lods et, les treizains et tout ce que ledit roi avait dans les châteaux de Salonet, de Saint-Martin et d'Ubaye au temps de l'inféodation susdite, seraient restitués à l'abbé, ainsi que le fief de Vaucluse. Il fut promis que le roi pourvoirait à ce que les seigneurs de Vaucluse reconnussent tenir cette dernière terre des abbé et monastère de l'Ile-Barbe.

Ces décisions avaient été prises à Aix, en novembre 1304, du consentement exprès du chancelier et du sénéchal de Provence, en présence de Jean Cabassole, juge mage, d'Alfier d'Isernia, juge des premières appellations, de Jacques Ardouin, procureur aux causes, de Rostaing de Mayrons, juge de Sisteron, de Guy Amblard, religieux d'Ainay, etc. D'autre part, on avait décidé que le roi jouirait désormais de tous les droits que lui accordait le traité de 1262, lesquels furent de nouveau spécifiés. Par suite, le 17 du même mois de novembre 1304, le sénéchal Richard de Gambatèse avait écrit à Richard de Mayrons, juge de Sisteron, d'exécuter les décisions, et, quatre jours après, le prieur de Salonet avait présenté à ce juge les lettres patentes contenant l'ordre de l'exécution.

Celle-ci ne se fit guère attendre. Du reste les officiers royaux ne l'avaient pas attendue pour prendre en main les intérêts de leur maître. Raymond de Mévouillon avait vendu sans le consentement de l'abbé les terres des vallées de l'Oulle et du Bodonais, qui étaient du fief de l'Ile. Cornillon notamment avait été vendu, le 30 novembre 1302, au dauphin Humbert 1ᵉʳ. Cette vente qui décèle avant tout la pénurie dans laquelle se trouvaient alors les finances de Raymond, était une violation des lois féodales et lésait les droits du roi Charles aussi bien que ceux de l'abbé. Vers 1304, ce roi enjoignait à Richard de Gambatèse d'étudier avec le dauphin de Viennois, son vassal, la demande en restitution de la viguerie de Cornillon ou du Val d'Oulle et de punir rigoureusement le sieur de Mévouillon de la faute commise en aliénant ainsi des terres de la mouvance de l'Ile-Barbe, sans le consentement de l'abbé, et en emprisonnant même le moine venu pour réclamer au nom de son couvent. Mais le comte prétendait droit de prélation par retrait sur les terres en question, au cas ou l'abbé et le monastère ne pourraient ou ne voudraient les retenir. Sur la sommation que lui en firent Richard de Gambatèse et Pierre Gombert, Arod déclara, le 15 novembre 1304, en présence de l'archevêque d'Arles, des évêques de Fréjus et de Vence, de l'abbé de Montmajour, et d'autres, qu'il renonçait à son droit. Dès lors, il fut décidé que ces terres seraient retenues par le comte, et le représentant de celui-ci, le même Richard de Gambatèse, acquit le Val d'Oulle, moyennant 20,000 livres de revenus provençaux. Sur cette somme, 7,000 livres étaient pour le château de Cornillon, et 13,000 pour les autres. Ces derniers sont tous indiqués dans l'acte. C'étaient Pommerol et la Charce, inféodés à Pierre Isoard ; la Bâtie des Tourrettes et la moitié du château de Montmorin, tenues en fief par Hugues du Puy ; les châteaux de Cornillon et de Clermont, fiefs d'Amédée de Rosans ; le château de Remuzat, possédé par ce dernier et par Rostan de Cornillon.

Il fut convenu que, « pour le droict de laods et de trezein, le « comte payeroit à Guy Arod la somme » de 1,333 livres 6 sols 8 deniers « de petits coronats. » Au lieu du « remplacement » imposé par le traité de 1262, il devait payer à Arod la somme de « 70 livres de coronats reforciats, » qui, avec les autres 50 dont il a été parlé, faisaient la somme de 120 livres « de rente, pour les- « quelles sommes de deniers et rentes, les coisses ou mesurage de « Sisteron furent depuis assignées aux agents de l'Isle, » comme on le verra plus loin.

En attendant, toutes choses étant ainsi réglées, il restait au comte à se faire investir des fiefs de la vallée de l'Oulle. L'investiture lui en fut donnée, en la personne de son sénéchal, par l'abbé André de Marzieu ; et, d'autre part, il fit lui-même recevoir les reconnaissances de l'abbaye pour ses biens de la vallée, placés par l'abbé Pierre sous la protection des comtes.

Au surplus, pendant qu'avaient lieu ces négociations, André de Marzieu, abbé de l'Ile, s'était porté dans les pays en question. Avant même que la décision ci-dessus eût été prise et qu'il eût été mis en possession des terres et châteaux qui devaient lui revenir, il avait pris les hommages de gentilshommes qui y possédaient et s'avouaient vassaux de l'Ile-Barbe. Ainsi, le 20 octobre 1304, nobles Guillaume de Faucon, Guillaume d'Escharène, Guy d'Escharène fils de feu Olivier, de Salonet, et Guillaume de Faucon, de Saint-Martin, pour eux et leurs successeurs, et Raybaud Belide, ainsi que Giraud Besson et Pierre son fils, à raison de leurs biens dotaux, firent hommage et fidélité à cet abbé, à genoux et les mains jointes, avec le baiser de paix, pour ce qu'ils avaient dans les territoires des châteaux de Saint-Martin. Mais cela ne suffisait pas à l'abbé, qui demeura dans ces quartiers toute l'année 1305, pour terminer les négociations, et adjoignit à Guy Arod le prieur de Salonet, Ponce de Guizeu, qui y avait un notable intérêt. Au surplus, le 4 décembre 1305, le Chapitre de l'Ile, en l'absence et du consentement de l'abbé, donna à Arod nouveau pouvoir de mettre la dernière main à l'affaire avec Ponce de Guizeu. Il le chargeait particulièrement de demander, poursuivre et obtenir en la cour du comte et ailleurs, au nom du monastère, le recouvrement des châteaux, territoires et dépendances de Roussieux, la Fare, Montferrand et Ban, dans le diocèse de Gap, et de Linseuil, dans le diocèse de Sisteron, lesquels étaient de la mouvance et seigneurie de l'Ile. Il prétendait que ces fiefs étaient « tombés en commise pour certaines causes » non exprimées dans la procuration, mais qui n'étaient autres que la vente desdites terres sans le consentement de l'abbé (1).

Voilà l'objet de cette procuration, et les procureurs prirent tous les moyens d'en atteindre le but. D'abord le 26 mars 1306, ils reçurent des agents du comte « les coisses de Sisteron pour et au lieu des 50 livres de coronats d'une part et de septante autres à eux » dues pour les causes que nous avons indiquées. Quant aux châteaux de Salonet, de Saint-Martin et d'Ubaye, qui avaient déjà été accordés à l'Ile-Barbe en 1304, il ne s'agissait plus que d'en prendre possession corporelle et actuelle, ce qui fut fait les 6, 7 et 9 février 1305. Puis, le 26 avril suivant, Guy Arod et Ponce de Guizeu furent mis en possession des « coisses ou droit de mesurage de Sisteron, » par un des greffiers ou clavaires de ce lieu, Barthélemy de Franqueville. Enfin, le 29 avril 1306, sur l'ordre du sénéchal, Rostain de Sabran et Benoît *Audolis*, notaire de

(1) *Cartul. de l'Ile-Barbe*, I, pp. 58-69, 132-5, 142-3, 141-9, 319-82. — Archives des Bouches-du-Rhône, B, 265, 325 et 624. — *Les Masures* cit., I, p. 181-96. — U. Chevalier, *Invent.* cit., n° 1240. — Lacroix, *L'Arrond. de Nyons*, pp. 138, 196-7, 379 et 412. — Valbonn., *Hist. du Dauph.*, I, 34-8.

Digne, ce dernier au nom d'Alix, « comtesse de Vintimille, dame de Vaucluse, » firent à Arles la reconnaissance du fief dudit Vaucluse à l'Ile-Barbe.

Désormais nos religieux n'eurent plus qu'à assurer, compléter et exercer leurs droits dans la région. Le 6 mars 1306, ils commencèrent à recevoir les reconnaissances de leurs hommes de Saint-Martin, ce qui fut achevé le 9 septembre suivant. Ces hommes étaient au nombre de 115. Le 30 juillet 1307, 20 hommes du même lieu se reconnaissaient hommes liges de l'abbaye, et le 1er août suivant, deux autres en faisaient autant.

Le 17 août 1306, les procureurs de l'Ile faisaient avec les seigneurs d'Ubaye une transaction sur l'attribution de cas de haute justice. Le règlement adopté sur ce point est fort intéressant, à cause des détails qu'il nous donne sur la manière usitée à Ubaye de réprimer et punir les crimes.

Le 4 avril 1307, le roi Charles accordait à l'Ile confirmation de la transaction de 1262, de la convention de novembre 1304, et de la concession des coisses de Sisteron faite le 26 mai 1306.

Le 24 mai suivant, Ferand de Barras vendit à l'Ile, pour le prix de 70 livres de coronats reforciats, tout ce qu'il avait dans les château et territoire de Saint-Martin.

Comme vers ce temps l'évêque de Sisteron prétendait exempter du payement des droits de coisse les ecclésiastiques de son diocèse, l'Ile revendiqua ses droits contre ceux-ci. Les témoignages produits à ce sujet de novembre 1307 au 20 janvier 1308, motivèrent une sentence du sénéchal de Forcalquier maintenant l'abbaye en possession de percevoir ces coisses de tout le monde.

Enfin, le 8 mai 1308, le sénéchal de Provence et de Forcalquier jurait à Aix, en présence d'André, abbé de l'Ile, d'observer et de faire observer les conventions passées entre le roi et l'abbaye.

Voilà les derniers renseignements d'un caractère un peu général que nous avons sur les dépendances de l'Ile-Barbe dans les diocèses d'Embrun, de Gap, de Sisteron, et de Die. Remontons maintenant à quelques années plus haut pour voir ce qui se passait dans d'autres contrées.

D'abord du temps de l'abbé Girin de Sartines, Itier, prieur de Bollène, transigea des droits de justice, leyde, crie, ban et chevauchée de ce lieu de Bollène, avec Alphonse comte de Poitiers et de Toulouse, et la comtesse Jeanne sa femme, fille et héritière du comte de Toulouse et du Venaissin, où la ville de Bollène était située. Il fut réglé que la juridiction, la haute et moyenne justice, la création des baillis, des greffiers et des appariteurs, les condamnations, amendes et chevauchées, devraient appartenir en commun aux parties. La condamnation à la mort ou à la mutilation de membre restait seule réservée au comte seul avec la confiscation des meubles, les immeubles demeurant à ceux de qui ils dépendaient. Or, tandis que les notaires ou greffiers de la cour devaient être créés en commun, les autres notaires pour les testaments et autres contrats étaient de la création du seul prieur, aussi bien que le crieur qui devait corner « la retraitte au soir et l'aurore le matin en la maison de l'église. » Cette transaction fut arrêtée et signée, le 31 mai 1271 (1), à « Aimargues près Aiguemortes, par frère Grégoire, moine de l'Isle-Barbe, » agissant au nom d'Itier, prieur de Bollène, et par Guy de Vaugreigneuse, sénéchal de Venaissin, agissant pour le comte Alphonse et la comtesse Jeanne. Les témoins furent Ferrier d'Espérande, juge du Venaissin, Jean de Pouzzoles, prêtre, conseiller dudit sénéchal, Hugues de Villiers, Raymond d'Ancezune, etc.

L'abbé Girin termina lui-même un différend que nous avons déjà vu devenir en 1168 l'objet d'une transaction, mais qui était de nouveau né et divisait le prieur de Chavanos et Adam, abbé de Bonnevaux. Voici la substance de l'acte d'accord. En novembre 1272, l'abbé de l'Ile et celui de Bonnevaux règlent ainsi les différends existant entre eux et notamment celui qui existait sur la perception des dîmes de terres de la grange *de Chalvas*, savoir des territoires *de Breuchi Espina* et *de Espeissi*, et de bois, prés, tènements, rivières, terres cultivées et incultes, et d'autres choses et possessions dépendants de ces deux territoires, dîmes appartenant au prieuré de Chavanos. Les abbés et couvent de Bonnevaux payeront chaque année au prieur de Chavanos, un sétier de seigle à la mesure d'Anthon, le sétier contenant huit bichets d'Anthon ; ils payeront aussi les autres cens de blés pour dîmes portés par les transactions précédentes, audit prieur et au recteur des églises, comme ils l'on fait chaque année jusqu'ici. En un mot, toutes les tran-

(1) Le texte de cet acte, imprimé, d'après la grande pancarte, dans le *Cartulaire de l'Ile-Barbe* (pp. 149-55), porte l'année 1371. C'est là une erreur trop évidente pour avoir besoin de démonstration. La vraie date est certainement le 31 mai 1271.

sactions et fixations faites autrefois entre Bonnevaux et l'Ile-Barbe demeureront inviolablement et perpétuellement en leur force et valeur ; car Bonnevaux percevra perpétuellement chaque année des cultivateurs les dîmes de tous les fruits de tous les territoires, bois, prés, rivières et autres choses et possessions des fruits desquels tous ils ont coutume de percevoir les dîmes, pour lesquelles ils sont tenus de payer les susdits cens audit prieur et aux recteurs des églises.

Avant de quitter le prieuré de Chavanos, il faut mentionner d'autres faits qui l'intéressent particulièrement sans être dépourvus d'un intérêt plus général. En 1284, l'abbé Girin renouvela les anciens statuts de son abbaye, de l'avis et consentement du grand prieur, du prieur claustral, de Guillaume de Glettains, prieur de Pommiers, du grand sacristain, d'Aymond, prieur de Bollène, de Dalmas, prieur de Saint-Christophe, du chambrier, de Guichard de Marcheant, prieur de Saint-Romain-en-Viennois, de Hugues, prieur de St-May, et de plusieurs autres. Ces statuts, qui contenaient plusieurs articles concernant l'administration et le gouvernement de l'abbaye et de ces prieurés, furent jurés par l'abbé et le grand prieur, et homologués par l'archevêque, en présence de Pierre de la Barge, prieur de Chavanos, Guillaume de Glettains, prieur de Pommiers, Aymon de Bollène, etc. L'acte est du vendredi après la Madeleine de l'an 1284. Or, parmi les articles contenus dans ces statuts, il en était un portant que les prieurs ou administrateurs des prieurés forains pourraient fonder des anniversaires avec les biens qu'ils auraient acquis pendant leur administration, sans endommager leurs prieurés et administrations, En vertu de cet article, l'abbé Girin permit à Pierre de la Barge, prieur de Chavanos, qui avait augmenté le revenu de son bénéfice de 25 livres de rente, de retenir 100 sols viennois pour fonder quatre anniversaires de 25 sols chacun applicables à la pitance des religieux au jour de ces anniversaires. Le premier de ceux-ci devait être l'octave de la Toussaint ; le deuxième, le jour de St-Saturnin, veille de St-André ; le troisième, le jour de St-Augustin, qu'il ordonne de solenniser, *in albis*, pour l'honneur du saint ; le quatrième, le jour de la mort du prieur fondateur, Pierre de la Barge même. « Et d'autant que « deffunct Alard de Miserieu luy avoit rendu beaucoup de bons « offices, il désirait que mémoire en » fût « faite conjointement « avec luy, en la lecture de l'Obituaire, et que ce dernier anniver-

« saire » fût « commun à tous deux. » Cette fondation de Pierre de la Barge fut *colloquée* sur les moulin et battoir situés sur l'eau de *Charvis*, par lui acquis de David de Tremolea et autres ; mais, quelque soin qu'eût pris ce bon prieur de bien assurer sa fondation, celle-ci ne subsistait plus en 1665. « L'eaue et le moulin, disait « Le Laboureur à cette dernière date, sont bien peut-estre en estat ; « mais il n'est plus mémoire de Pierre de la Barge, ny de ses anni- « versaires. » Ajoutons que cet historien, en nous rappelant que l'abbé Girin de Sartines, ainsi que Hugues de Ronchivol, prieur de Pommiers, et d'autres, reposaient dans le cloître de l'Ile-Barbe, près la grand'porte de l'église St-Martin, ne nous dit rien de la mort ni de la sépulture du *bon* Pierre de la Barge (1).

Avec cela, nous touchons au xive siècle, qui fut pour l'Ile-Barbe une époque de décroissance, non seulement dans les biens, mais encore dans la ferveur, dans la régularité, et dans le nombre des religieux. Aussi n'avons-nous guère plus qu'à enregistrer le soin que prit l'abbé, en 1363 et en 1367, de faire authentiquer le cartulaire de l'abbaye (2), et un certain état de souffrance dans la plupart des maisons du Dauphiné qui relevaient de cette abbaye. Bientôt le service d'une partie des bénéfices que ses religieux possédaient est confié à des prêtres séculiers, et des bénéfices sont transportés à d'autres ordres ou institutions religieuses. Ses fiefs et autres biens vont dans le même sens, et en Dauphiné comme ailleurs, même avant la sécularisation de l'abbaye, l'éclat de ses religieux et de leurs vertus avait subi une bien douloureuse éclipse. C'est ce que l'on pourra aisément observer à l'aide des notes spéciales que nous allons consacrer à chacune des dépendances dauph' ioises de notre abbaye.

Cette dernière partie de notre travail comprendra elle-même autant de sections que le Dauphiné comprenait de diocèses ayant eu de ces dépendances.

---

(1) *Masures*, I, p. 182-99. — *Cartul. de l'Ile-Barbe*, pp. 47-158 et 164-70.
(2) *Cartulaire* cit., p. 1-12.

IV

Nous commencerons par celles qui se trouvaient dans la partie dauphinoise du diocèse de Lyon.

En 1183, l'Ile-Barbe avait dans ce diocèse *l'église de Saint-Pierre de Mure, l'église de Saint-Pierre de la Baume, l'église de Saint-Romain de Solemieu, et l'église de Vercieu*. Or, il y avait dans la partie dauphinoise de ce même diocèse les églises, paroissiales au xviie siècle, de *Saint-Laurent de Mure*, de *Saint-Bonnet de Mure*, de *La Balme*, de *Soleymieux* et de *Vercieu* ; les deux premières étaient de l'archiprêtré de Meyzieu, et les trois dernières de celui de Morestel ; elles sont toutes paroissiales aujourd'hui encore et appartiennent, la 1re et la 2me au canton d'Heyrieu (Isère), la 3me et la 4me au canton de Crémieu (Isère), et la dernière au canton de Morestel (Isère). Ces cinq églises actuelles ne représentent-elles pas celles de 1183 que leur nom rappelle et que Lucius III confirma ladite année à l'Ile-Barbe ? C'est ce qu'il serait utile de vérifier. Peu en mesure de le faire aujourd'hui, nous constatons que, au contraire, les dépendances suivantes sont bien certaines.

Chapelle de Mons. — Elle appartenait à l'Ile-Barbe déjà antérieurement à 1168, année où, comme nous l'avons vu plus haut, cette abbaye avait des dîmes dans la région. Confirmée à la même abbaye en 1183, elle était église paroissiale et située dans l'archiprêtré de Meyzieu au xviie siècle, mais le titre paroissial n'a pas été rétabli après la Révolution, sans doute à cause de sa proximité avec l'église de Villette-d'Anthon. En 1665, Le Laboureur traduisait son nom (*Mons, Muns*) par Mions. C'est évidemment à tort. Mions est une paroisse du canton de Saint-Symphorien d'Ozon. Le *de Montibus* de la bulle doit être traduit par *Mons*, nom de la localité dont nous avons parlé et qui est environnée des églises et paroisses qui vont suivre.

Chapelle de Villette. — Dépendante de l'Ile-Barbe antérieurement à 1168 et confirmée à cette abbaye en 1183, elle était paroissiale et de l'archiprêtré de Meyzieu au xviie siècle, sous le nom de *Villette-d'Anthon*, nom conservé à la paroisse après le rétablissement de celle-ci depuis la Révolution. Villette-d'Anthon est aujourd'hui commune et paroisse du canton de Meyzieu (Isère).

Chapelle de Jons. — Dépendante dès 1168 de la même abbaye, elle lui fut confirmée en 1183. Jons était au siècle dernier une paroisse de l'archiprêtré de Meyzieu et en forme aujourd'hui une de 5 à 600 âmes, aussi du canton de Meyzieu.

Chapelle de Moiffon. — Construite au lieu appelé *Muifon* dans un acte de 1168 et confirmée à l'Ile-Barbe par Lucius III en 1183, cette chapelle, voisine de la précédente, disparut plus tard. Nous n'en trouvons pas trace au XVIIIe siècle, et Moiffon n'est aujourd'hui ni commune ni paroisse.

Eglise de Pusignan. — Certainement existante et dépendante dès 1168 de l'Ile-Barbe qui avait alors la dîme du territoire de Pusignan (*Pusunie*), puis confirmée à notre abbaye en 1183, elle a été jusqu'à la Révolution une église paroissiale de l'archiprêtré de Meyzieu. Pusignan est aujourd'hui une paroisse, d'environ 1,200 âmes, du canton de Meyzieu.

Eglise de Jonage. — Jonage (en 1168 *Jonages* et *Johannages*, en 1183 *Joennages*) était au nord de Pusignan, sur les bords du Rhône, au couchant et non loin de Jons. Son église, sans doute existante dès 1168, fut, comme la précédente, confirmée à l'Ile-Barbe en 1183. Après avoir formé jusqu'à la fin du XVIIe siècle une paroisse de l'archiprêtré de Meyzieu, elle forme actuellement une paroisse de 1,000 âmes et du canton de Meyzieu (Isère).

Chapelle d'Anthon. — Par sa position sur les bords du Rhône, Anthon (*Anto* en 1183, et *Antho* en 1315 et en 1430) ne manquait pas d'importance commerciale et même stratégique. Il fut de bonne heure le chef-lieu d'un mandement, et il est surtout célèbre par la bataille entre le prince d'Orange et le gouverneur du Dauphiné qui y eut lieu en 1430. Au point de vue religieux, nous y trouvons au XIIe siècle une *chapelle*, confirmée à l'Ile-Barbe en 1183 et probablement desservie déjà alors par des religieux du *prieuré* de Chavanos. Anthon apparaît ensuite au XIVe et XVIIe siècles comme paroisse de l'archiprêtré de Meyzieu. Il est aujourd'hui paroisse du canton de ce dernier nom.

Droits seigneuriaux. — Outre les églises et dîmes dont il a été question, l'Ile-Barbe avait en 1168 et plus tard des droits féodaux et des censes sur prés, vignes, etc., dans la région même où étaient ces églises. Le 26 août 1252, Hugues Gautier, de Morestel, damoiseau, fit hommage et fidélité à Pierre, abbé de l'Ile, pour les choses et tènements que ceux de Crutin (*illi de Crutin* avaient dans le territoire de Villette et *de Terreu*, reconnaissant les tenir en fief de l'église de l'Ile. Le 1er décembre suivant, Martin de Chansie, damoiseau, fit hommage au même abbé pour le fief de Villette. Le seigneur H. Athanost devait aussi l'hommage pour le fief de Villette, où l'abbaye levait 40 sous et dix charges de froment, avec 4 bichets et 3 coups (1).

V

Eglises et chapelles situées dans le diocèse de Vienne.

Eglise de Chavanos. — Elle fut certainement fondée et dépendante de l'Ile-Barbe longtemps avant 1168. En effet, la transaction que les religieux de cette abbaye firent cette même année avec Bonnevaux avait été précédée de *quantité de procès* et de *différends bien prolongés* ayant pour objet des fonds et des dîmes dépendants du *prieuré de Chavanos*, tout voisin d'Anthon et des autres églises et chapelles dont il vient d'être question. D'ailleurs, ce prieuré était érigé en titre avant cette même année, puisque son titulaire, Jean, religieux de l'Ile-Barbe et *prieur de Chavanos*, assista à cette transaction de 1168. Au surplus, après la confirmation de cette église et de son prieuré à cette abbaye en 1183, il fallut de nouveau transiger sur la dîme de terres de *Breuchi Espina* et de *Espeissi*, levée par ce prieuré de Chavanos. Nous savons qu'en 1268 une rente annuelle de 60 sous viennois fut assignée à l'aumônier de l'Ile-Barbe, sur une terre sise à Soleymieu, par notre prieur de Chava-

---

(1) *Masures*, I, pp. 109-11 et 116-7; — *Aug.* Bernard, *Cartul. de Savigny*, 2e part., p. 952-79; — U. Chevalier, *Pouillés de la prov. ecclés. de Lyon*, p. 6-14; collect. de *Cartul. dauph.*, VII, p. 300-38; — Valbonnais, *Hist du Dauph.*, I, 30, 62-5; II, 379-80; — *Rev. du Dauphiné*, I, 289-98; II, 246-51; — *Départem. de l'Isère décrété le 3 fév. 1790*; — *Cartul. de l'Ile-Barbe*, pp. 6, 14, 19, 20-1, 24 et 172.

nos, et nous avons vu ce qu'un traité de 1272 obligea Bonnevaux à payer chaque année à ce même prieur, qui en 1256 et en 1268 avait nom Guillaume, et en 1284 Pierre de la Barge. Un acte de mars 1271 (n. s.) nous montre Pierre de la Barge, prieur de Chavanos, réglant, comme arbitre avec le prieur d'Ardière, une redevance due à tout nouvel abbé de l'Ile par les hommes de cette abbaye. Le 1er avril 1275, le pape Grégoire X accordait aux prieur et couvent de Chavanos le droit de percevoir certaines novales. Le cartulaire de l'Ile-Barbe rédigé vers 1300 nous apprend que le prieur de Chavanos devait pourvoir le couvent de l'Ile en pain, vin, seigle et fèves pendant 30 jours de l'année, à commencer au 8 mars, et que son prieuré faisait chaque année au *communier* de l'abbaye 14 livres 20 sous, et au cellérier de celle-ci 12 sous. Parmi les choses que le cellérier devait à certains jours pour les censes perçues par lui pendant l'année, figurent pour la fête de la Ste-Catherine, 6 sous forts neufs, sur la maison que tenait le prieur *de Chavano* dans le bourg ; parmi les cens du chantre du monastère de l'Ile, était celui de 12 deniers forts perçus à Chavanos. Dans le rôle des aumônes des pauvres, le prieur de Chavanos est inscrit pour 50 pauvres et 7 messes. Ce prieur, chargé encore d'une cense annuelle de 20 livres de cire en faveur du grand sacristain, convenait de toutes ces redevances en 1367. Le 7 mars de l'an 1377 fut rendue une sentence arbitrale sur un différend entre l'abbaye de l'Ile-Barbe et Jean de Fontane, prieur de Chavanos, au sujet des livraisons annuelles. L'arbitre choisi, messire Odon de Ste-Marie, chanoine de Lyon, décida que le prieur de Chavanos payerait à l'avenir chaque année au prieur majeur, au communier, au sacristain majeur, à l'aumônier, au sacristain mineur, et au chantre de l'Ile, les cens payés précédemment par les prieurs précédents, avec les arrérages depuis deux ans qu'il était prieur. Pour les 35 florins d'or demandés par le communier, le prieur lui en payera 15 florins d'or, et justifiera du droit qu'avait Jean Peytorel, neveu du communier, de recevoir de lui pour ce dernier les 15 francs d'or qu'il dit lui avoir payés et que le même communier dit n'avoir autorisé personne à recevoir pour lui. Faute de cette justification, le prieur devra payer le reste des 35 florins d'or. Odon décida aussi que le prieur pourvoirait les abbé, couvent et autres prébendiers de l'Ile de pain, vin, potage (*potagio*) et seigle, chaque année pendant 30 jours, comme faisaient ses prédécesseurs. Il décida aussi que le prieur payerait à l'avenir les 12 florins d'or annuels à titre de secours promis audit abbé, lors de sa création, par les prieurs et officiers du monastère. Pour les arrérages de ce secours dus par les prédécesseurs de ce prieur et pour deux ans par celui-ci, Odon se réserva d'en décider avant la Saint-Michel archange prochaine. Le 2 février de l'an 1315, Jean II dauphin comte de Vienne et d'Albon, faisait un échange avec Louis seigneur d'Anthon, et les frères et sœurs de ce dernier issus de feu Guichard, seigneur d'Anthon, et de Marguerite de Sainte-Croix; il leur cédait le droit de garde qu'il avait sur le prieuré de Chavanos et sur les villes (*villis*), maisons, terres, possessions, appartenances et dépendances de ce prieuré en certaines paroisses du mandement d'Anthon, et la haute et moyenne justice desdits prieurés et dépendances, avec tout le droit et seigneurie qu'il y avait. Les 40 livres de décime papale auxquelles le prieur est taxé vers 1375 prouvent l'importance du bénéfice, lequel figure encore en 1521 avec le chiffre de 600 livres qui exprime sans doute son revenu d'une manière approximative; mais, si les 8 livres avec lesquelles figure, aussi en 1521, l'église même de Chavanos, indiquent les revenus du curé, la position congrue de celui-ci était vraiment bien modeste. Quoi qu'il en soit, le prieuré, tombé en commende avant la sécularisation de l'abbaye de l'Ile-Barbe, était possédé en 1549 par François de Lucinges. Ce prieur fit quelque opposition à la bulle de Paul III donnée ladite année pour cette sécularisation. Quant à l'église, qui était en 1789 sous le vocable de Notre-Dame, et qui, comme le prieuré, faisait partie de l'archiprêtré de la Tour depuis le xive siècle au moins, elle est aujourd'hui paroissiale (1). Chavanos est une paroisse du canton de Meyzieu (Isère).

Eglise de Saint-Rambert de Fulcimagne. — Le corps de Saint-Rambert, transféré vers 1080 « du pays de Beugey au monastère de St-André » devint bientôt l'objet d'une grande vénération, et le culte rendu à ce saint fut pour diverses localités dépendantes de l'Ile-Barbe l'occasion d'en prendre le nom. Du nombre de celles-ci fut « le bourg de Fauce-magne, » lequel prit le nom de St-Rambert

---

(1) *Masures*, I, pp. 109-11, 184-9, etc.; — VALBONNAIS, op. cit., I, 30; — CHEVALIER, *Pouillés de Vienne* du xive s., n° 69; de 1521, n. 438 et 464; de 1789, n. 285; — *Cartul. de l'Ile-Barbe*, I, pp. 2, 3, 4, 7, 20, 22, 167-70, 173-9, 181-3, 241-2, 256-7, 259; II, pp. 1-8.

« à cause de l'église et prieuré fondé en l'honneur du saint par quelque archevêque de Vienne, » dit Le Laboureur. Cette fondation est antérieure à 1168, puisque Rolland prieur de Fulcimagne (*prior de Fuscimagni*) figure parmi les religieux de l'Ile-Barbe qui assistèrent à la transaction passée ladite année entre leur abbé et celui de Bonnevaux. Quant à l'imposition du nom de St-Rambert à Fulcimagne, elle est antérieure à 1183, puisque la bulle de cette année, confirmant l'église et le prieuré de ce lieu à l'Ile-Barbe, mentionne expressément *ecclesiam Sancti Ragneberti de Fulcimagna*. Au xiiie siècle, ce prieuré pourvoyait de pain, de vin, de seigle et de fèves, pendant 4 jours de suite à commencer le 9 juin ; le prieur devait au *communier* de l'abbaye 20 sous viennois par an, pour Guillaume de Varey, clerc, au grand sacristain de l'Ile la cense annuelle de 4 livres de cire, et au chantre de la même abbaye le cens aussi annuel de 6 deniers forts ; enfin, le rôle des aumônes des pauvres porte, entre autres charges imposées à divers bénéficiers de l'abbaye, celle de 6 pauvres et 5 messes pour le prieur de St-Rambert de Fulcimagne. Tout cela était reconnu exact par le prieur même en 1367. Ce prieuré payait 17 livres de décime papale vers 1375, et un pouillé de 1523 mentionne et cotise le prieuré et le prieur séparément de l'église et du curé. Après avoir fait partie de l'archiprêtré de St-Vallier aux xive et xvie siècles, Saint-Rambert fut au siècle dernier de l'archiprêtré de Roussillon. Il est aujourd'hui une paroisse du canton de St-Vallier (Drôme). Un quartier y porte encore le nom de *Fixemagne*.

Eglise de Saint-Saturnin. — Cette église existait et était dépendante de l'Ile-Barbe bien avant 1168. En 1183, Lucius III la confirmait à cette abbaye. En novembre 1292, l'abbé et tous ceux qui étaient réunis en Chapitre à l'Ile approuvèrent et ratifièrent des règlements et ordonnances élaborés par des commissaires pour ce désignés et intéressant l'abbé et tous les religieux. Or, parmi ces commissaires on trouve le prieur de Saint-Saturnin de Serrières (*Sancti Saturnini de Sareria*). Puis, cette église ne paraît plus dans les documents que nous avons entre les mains. Nous ne saurions où elle était située, si nos renseignements sur Serrières, lesquels vont être donnés immédiatement, ne nous apprenaient qu'elle se trouvait à Serrières même, dont un hameau, proche et au sud du bourg, porte encore le nom de *Saint-Saturnin*.

Chapelle et prieuré de Serrières. — Serrières était certainement dépendant de l'Ile-Barbe antérieurement à 1168 ; car la transaction de cette année entre l'Ile-Barbe et Bonnevaux fut faite en présence de Pierre, prieur de Serrières (*prioris de Serreria*). La bulle de 1183, en confirmant les droits de l'abbaye sur ce lieu, mentionne seulement la *chapelle* de Serrières après l'*église* de Saint-Saturnin, ce qui semblerait prouver que le prieuré était à Saint-Saturnin et que Serrières n'était qu'une annexe religieuse. Mais ceci n'a pu exister primitivement et il est permis de supposer que le rédacteur de la bulle a à tort, sans préjudice toutefois pour les intérêts, omis d'exprimer le renversement des rôles. On peut aussi raisonnablement admettre que, Serrières étant le nom générique et vulgaire de toute la localité, le rédacteur de la transaction de 1168 aura trouvé que les mots *prieur de Serrières* étaient parfaitement vrais et surtout courts et spécificatifs. En tout cas, au XIII° siècle, le prieur de St-Saturnin *de Saleria* pourvoyait de pain, de vin, de seigle et de fèves le monastère de l'Ile pendant 15 jours de suite commençant le 25 mai ; le *communier* de l'abbaye percevait chaque année 40 sous *apud Sallerie* ; le prieur *Sarerie* devait 15 sous annuels de cense au cellérier de l'abbaye ; le prieur *de Saleria* devait chaque année 4 livres de cire au grand sacristain de l'Ile, et 20 sous viennois pour l'infirmerie ; le chantre de ce monastère prenait tous les ans 12 deniers forts à *Sancti Saturnini de Saleria*, et le prieur de Serrières (*Sacerie*) figure pour 30 pauvres et 6 messes dans le rôle des *aumônes des pauvres* dont étaient chargés les divers bénéficiers de l'Ile-Barbe. C'est ce dont convenait en 1367 le prieur même *Sancti Saturnini de Salor.*, dans une déposition devant l'official de Lyon. Le pouillé de décime papale du XIV° siècle mentionne seulement le prieur de Serrières (*prior de Sararie*), cotisé 70 livres 100 gros, et le chapelain ou curé de Serrières (*capellanus Sarerie*), cotisé 8 livres. Le pouillé de 1523 mentionne le prieuré de St-Saturnin de Serrières (*priorat. S. Saturnini Siriere*) et l'église de St-Saturnin de Serrières (*ecclesia S. Saturnini Seriere*); le chiffre de 220 livres assigné à celui-là, et le chiffre de 20 livres assigné à cette église, sont bien dans des proportions s'accordant avec la cotisation du XIV° siècle. Au surplus Serrières était paroisse et sous le vocable de St-Saturnin en 1789, et le prieur du lieu en avait le patronage ; il faisait partie, alors comme aux XIV° et XVI° siècles, de l'archiprêtré d'Annonay. Il est aujourd'hui paroisse et chef-lieu de canton de l'arrondissement de Tournon (Ardèche).

Eglise de Sablon. — Confirmée à l'Ile-Barbe en 1183, elle était simplement curiale et faisait partie de l'archiprêtré de Saint-Vallier en 1523. En 1798 elle était de l'archiprêtré de Roussillon, avait pour vocable saint Ferréol et pour patron bénéficier le prieur séculier de Serrières (1). Aujourd'hui Sablon est une paroisse du canton de Roussillon (Isère). Son village est tout près de Serrières, quoique sur la rive opposé du Rhône. Sablon est probablement la patrie d'Hugonin de Sablon (*de Sablone*), religieux et sacristain du monastère de l'Ile-Barbe en 1367.

Eglise de Baudins. — Confirmée à l'Ile-Barbe en 1183, elle était dans nous ne savons quel lieu du diocèse de Vienne.

Eglise de Jossans. — De même.

Eglise d'Appesieu. — De même (2).

VI

L'Ile-Barbe a eu 9 églises dans le diocèse de Valence.

Eglise de Saint-Didier de Revoire. — Du temps que Guy de Bourgogne était archevêque de Vienne, par conséquent entre les années 1088 et 1119, Ervise donnait à l'Eglise de Romans une métairie située dans la paroisse de Saint-Didier de Rovoire *(in parrochia Sancti Desiderii de Rovoria)*, du diocèse de Valence. En 1184, le pape confirmait à l'Ile-Barbe l'église de cette même paroisse, où l'on trouve en 1240, outre cette église, la maison de Rovoyre *(domus Rovoyræ)*, laquelle était, comme la paroisse en corps, tenue à une redevance envers l'église de Romans. Les archives de la Drôme font ensuite fréquemment mention de la localité. Celles de Léoncel signalent en 1247, le chemin de St-Didier *(via Sancti Desiderii)*. Le pouillé du xive siècle mentionne le recteur de l'église de Revoire, sans nommer St-Didier. Les pouillés de visite épiscopale du xve mentionnent le recteur de Rovère *(rector de Rovera)* et le chapelain de Saint-Didier, près Charpey, *(capellanus Sancti Desiderii prope Charpeyum)*, simultanément ; mais un pouillé de décime rédigé vers 1510 ne signale plus que

---

(1) *Masures*, I, pp. 75-81, 111 et 117 ; — Chevalier, *Pouillé de Vienne* du xive siècle, n. 222, 375 et 413 ; de 1523, n. 51, 158, 604, 606-7 ; de 1789, n. 55, 403, 409 ; — *Cartul. de l'Ile-Barbe*, pp. 2, 3, 4, 7, 173-6, 180-3, 283-6.

(2) *Masures*, I, pp. 117 ; — *Cartul.* cit., pp. 6 et 10.

Saint-Didier du Marais (*Sancti Desiderii de Marisco*, qui est bien le même et qu'on appelait ainsi à cause du quartier du *Marais*, situé entre le village de St-Didier et Alixan. Cette paroisse n'avait plus alors la maison de Rovoire, qui, si elle avait existé, aurait été infailliblement cotisée; on y trouve seulement le curé de St-Didier du Marais (*curat. S. Desiderii de Marisco*), paroisse appelée désormais simplement *de St-Didier* et qualifiée prieuré par Le Laboureur en 1665. Elle est aujourd'hui du canton de Bourg-de-Péage (1).

Eglise de Saint-Pierre de Montélimar. — Le pape Lucius III confirma à l'Ile-Barbe en 1183 les églises de Montélimar, de St-Pierre, de Ste-Croix, de St-Martin de l'Hôpital, une autre église de St-Martin, celles de St-Priest, de St-Michel et de St-Marcel, celle de Piosac. Il lui confirma en même temps les trois situées au-delà du Roubion dans le quartier d'Aigu, par conséquent dans le diocèse de St-Paul-trois-Châteaux, et dont nous parlerons un peu plus loin. Etudions d'abord l'histoire des 9 premières, situées au nord du Roubion, par conséquent dans le diocèse de Valence, et dont la première mentionnée par la bulle de Lucius III est celle de St-Pierre. Et d'abord, cette église qui dut dépendre du prieuré d'Aigu, est connue dans plusieurs des siècles suivants. En 1262, Giraud Adhémar, seigneur du lieu, lui lègue deux *annuels*, tandis qu'il n'en lègue qu'un aux autres églises de Monteil. En 1291, Dragonette de Montauban, femme du seigneur de cette ville, fait aussi un legs à St-Pierre. En 1310, Giraud, autre seigneur, lui fait pareillement un legs. Au xiv° siècle, le *chapelain*, c'est-à-dire le curé, de St-Pierre de Monteil est cotisé 10 livres pour décime papale; au xv° ce curé (*curatus*) devait 13 gros 17 den. pour droit de visite à l'évêque de Valence; en 1516, son recteur est cotisé 3 sols pour décime. En 1548, St-Pierre n'est plus nommé; on trouve St-Etienne en sa place.

Eglise de Ste-Croix. — Après sa confirmation à l'Ile-Barbe en 1183, elle reste plus d'un siècle sans être nommée dans les documents à notre connaissance. Elle est certainement une des églises de Monteil à chacune desquelles Giraud Adhémar léguait un

---

(1) *Cartul. de St-Barnard de Romans*, ch. 246 et 370; — *Masures*, I, p. 117; — CHEVALIER, *Cartul. de Léonc.*, p. 154; *Polyptyc. Valent.*, n. 60; — Arch. de la Drôme, pouillés; — *Bull. d'hist. ecclés.*, IV, 9 et 11.

annuel en 1262. Elle figure avec le titre d'*église* dans l'acte des libertés de la ville de 1285, et pour un legs dans le testament de Giraud Adhémar de 1310. En 1334, Hugues Adhémar y fondait une chapellenie sous le vocable de Ste-Catherine. En 1374, tous ses prêtres et clercs sont invités aux funérailles de Guigues Adhémar. Son *chapelain* ou curé, cotisé 8 livres (2 de moins que celui de St-Pierre) pour décime papale au xiv° siècle, devait au xv° 3 florins 4 gros 20 deniers pour droit de visite à l'évêque. Une bulle d'Eugène III de 1449 érigea Ste-Croix en collégiale pour un doyen, un sacristain, huit chanoines, six choriers et six clercs, et la dota avec les biens du prieuré d'Aigu, dont elle avait dépendu.

Eglise de St-Martin de l'Hôpital. — Après la bulle de 1183, confirmant cette église à l'Ile-Barbe, nous trouvons le legs d'un *annuel* par Giraud Adhémar en 1262, et le legs fait par Dragonette de Montauban en 1291, à *l'église de St-Martin*. En 1310, Giraud Adhémar indique dans son testament l'église de l'Hôpital, et, en 1376, le prieuré d'Aigu et l'hôpital St-Martin ayant cessé d'être habitables, les consuls de Montélimar vendirent 4,500 tuiles de l'un et 4,000 de l'autre. Cependant un pouillé de visite épiscopale du xv° siècle porte 3 florins 4 gros 20 deniers comme dus par le prieur de l'Hôpital de Monteil (*prior Hospitalis Montilii*). On sait qu'un des portails de Montélimar s'appelait de St-Martin en 1404 et plus tard ; mais les pouillés du xvi° ne mentionnent déjà plus l'église de l'Hôpital de St-Martin.

Eglise de St-Martin près Montboucher. — Confirmée comme la précédente à l'Ile-Barbe en 1183, elle est sans doute celle dont parle le cartulaire de cette abbaye dans le rôle de ceux qui *devaient* au xiii° siècle *pour les amandes du couvent* de l'Ile même. En effet, celui qui tenait alors l'église de St-Martin près Monteil (*ille qui tenet ecclesiam Sancti Martini juxta Montilium*) était imposé 3 sous par an pour cela. Le 4 décembre 1305, G., prieur de St-Martin de Monteil (*prior Sancti Martini Montilii*), était à l'Ile-Barbe et y donnait, avec le grand prieur et d'autres religieux, la procuration de cette date dont il a été question plus haut. Au xiv° siècle le recteur de l'église de St-Martin de Monteil était cotisé 10 livres pour décime papale. Un auteur dauphinois, M. l'abbé Vincent, après avoir constaté sa dépendance de l'Ile-Barbe et sa filiation par rapport au prieuré d'Aigu, la fait entrer avec ce prieuré dans la même collégiale de Ste-Croix en 1449. Il nous assure qu'elle avait « cimetière, logis claustral, biens, rentes et fonds, » ce qui s'accorde avec les notions précédentes. Puis une délibération consulaire de Montboucher de 1679 a pour objet les réparations de l'église St-Martin, paroissiale, et de celle du bourg, succursale. Aujourd'hui Saint-Martin est encore patron de Montboucher, et le quartier de l'antique église à un kilomètre au sud-ouest du village, au nord de la route et du Jabron, en porte toujours le nom.

Eglise de St-Priest. — Nous ne connaissons d'elle que sa confirmation à l'Ile en 1183 et sa situation à Montélimar ou tout près. D'après M. Vincent, elle aurait été cette église divisée en trois absides qui s'élevait dans le château même des Adhémar et dont on voit encore de remarquables restes. Mais M. Lacroix fait observer que la chapelle de St-Nicolas dans l'hôtel du seigneur Giraud dont parle le testament de 1310, était plus vraisemblablement l'édifice en question. Nous avouons nous-même n'avoir trouvé aucune mention de St-Priest, ce qui serait étrange si sa chapelle en eut porté le nom au XIIIe siècle et aux suivants.

Eglise St-Michel. — Située dans la ville et confirmée à l'Ile en 1183, elle dut disparaître de bonne heure ; car nous n'en avons trouvé mention que dans la bulle de Lucius III.

Eglise St-Marcel. — De même, pas de mention autre que celle de 1183 dans ladite bulle.

Eglise de Piosac. — Inconnue autrement que par cette bulle. Le nom de Piosac lui-même ne figure en aucun autre document. M. le baron de Coston, si bien au courant du passé de Montélimar, pense que l'original de la bulle de 1183 ne portait pas *Piosaco* mais *Rosaco*, et qu'il s'agit déjà ici de Notre-Dame *de la Rose*, si connue plus tard (1).

(1) *Masures*, I, 117 ; — CHEVALIER, *Cartul. de Montél.*, pp. 36, 56, 98, 239, 278, 287-9, 290-3, 323-5 ; *Polypt. Valent.*, n. 122-4 ; — Arch. de la Drôme, pouillés de Valence ; — VINCENT, *Notice histor. sur Montboucher*, pp. 13-5, 20, 28 ; *Notice histor. sur Montélimar*, pp. 13-6 ; — LACROIX, *L'Arrond. de Montélimar*, V. pp. 178-80, 239-40, 294-302 ; — *Hist. de Montélimar*, par M. le baron de Coston ; — *Cartul. de l'Ile-Barbe*, pp. 69, 135, 174, 286 ; — Arch. de la mairie de Montboucher, BB, I.

VII

Après les églises de *Monteil*, la bulle de 1183, base principale du présent travail, indique les églises situées *in Aiguno*, c'est-à-dire dans la partie de la ville située sur la rive gauche du Jabron, par conséquent dans le diocèse de Saint-Paul-trois-Châteaux. Puis, cette bulle passe aux dépendances de l'Ile-Barbe situées dans les diocèses, jadis réunis, de St-Paul et d'Orange. Nous réunirons nous-même tout cela dans la présente section.

Eglise et prieuré de Notre-Dame-d'Aigu. — L'antique station d'*Acunum*, sur la rive gauche du Jabron, un peu en amont de son confluent avec le Roubion, est incontestablement le point de Montélimar où l'agglomération de maisons s'est produite en premier lieu. Il a fallu des circonstances nouvelles, dues à l'état social de nos contrées et surtout au besoin de se défendre contre des voisins sans cesse disposés à l'attaque, pour qu'une ville importante ait fini par s'élever et grandir autour du monticule d'où Montélimar tire la première partie de son nom. Ces circonstances ont été aussi défavorables à la station d'*Acunum* que favorables au monticule en question, située sur la rive droite du Roubion, à quelques 8 ou 900 mètres au nord de ladite station. Mais au vii° siècle, et même du viii° au ix°, *Acunum* était plus important que *Montilium*, si tant est que celui-ci eût alors commencé à être habité. Cela nous explique pourquoi le petit monastère, aux moines duquel le service religieux de la localité était confié, s'éleva à *Acunum* plutôt qu'à *Montilium*. Du reste, d'autres causes ont pu motiver cette disposition. On pourrait supposer que l'évêque de St-Paul, dont le diocèse n'allait que jusqu'au Jabron, fut pour beaucoup dans l'établissement des religieux à *Acunum*, d'où ils ont ensuite étendu leur action sur les deux rives du Jabron et sur celle du Roubion. Quoiqu'il en soit, à une époque bien antérieure à 1183, *Acunum* avait un petit monastère, dont relevaient les églises de cette antique station, et celles de *Montilium*. Monastère et églises étaient aux religieux de l'Ile-Barbe antérieurement à 1183, année où le pape Lucius III les leur confirma. Ce monastère et son église étaient alors sous le vocable de *Ste-Marie*, c'est-à-dire de la Très

Sainte-Vierge, et il en est depuis lors très fréquemment question dans l'histoire de Montélimar, sous le nom de *Notre-Dame-d'Aigu*. En 1228, R., prieur d'Aigu (*prior Aiguni*), est témoin d'un acte fait à Monteil et intéressant l'Ile-Barbe. Au XIIIe siècle, le *communier* de cette abbaye percevait tous les ans la somme de 4 livres à Monteil-Aigu (*apud Montilium Aygum*); le prieur d'Aigu (*prior de Eguno*) et le sacristain d'Aigu (*sacrista de Eguno*) étaient cotisés, celui-là 20 sous par an et celui-ci 5, pour les amandes du couvent de l'Ile; le chantre de ce dernier couvent avait un cens annuel de 2 sous viennois à Aigu (*apud Aygnun*), et le rôle des *aumônes des pauvres* porte à la charge du prieur d'Aigu (*prior de Aiguno*) 40 pauvres et 10 messes. En 1262, Giraud Adhémar, seigneur de Monteil, léguait 100 sous à l'église de N.-D.-d'Aigu (*ecclesie beate Marie de Ayguno*). En 1291, Dragonette, femme de Giraud Adzémar seigneur de Monteil, fait des legs à l'église de N.-D.-d'Aigu, à d'autres églises, aux œuvres des ponts d'Aigu et de Fust, etc.; la même année, une transaction entre l'évêque de Valence et la ville de Monteil, au sujet du quarantain, prévoit des revendications qui pourraient être faites par le prieur d'Aigu (*a priore Ayguini*), lequel au XIVe siècle payait 80 livres de décime papale, d'après un pouillé du diocèse de Valence, où le sacristain du même prieuré n'est cotisé que 10 livres. En 1360, il est fait un legs de 6 florins à la roue illuminée ou au lustre des images de N.-D.-d'Aigu. En 1374, le sacristain de Notre-Dame sert de témoin au testament de Guigues Adhémar. En 1376, le prieuré d'Aigu est inhabitable et les consuls en vendent les tuiles. En 1378, il y avait à Montélimar le *portail de Notre-Dame-d'Aigu*. En 1412, l'église d'Aigu, desservie par un prêtre séculier, était comme inutile par suite des ravages qu'avaient faits les guerres et la mortalité; le culte divin ne s'y faisait à peu près plus du tout, et elle menaçait ruine; il y avait un assez grand nombre de cloches, mais qu'on ne sonnait plus, et les consuls, voulant mettre une horloge à l'église de Ste-Croix de la ville, demandèrent une de ces cloches pour la sonnerie de cette horloge. L'évêque de Valence, le recteur du Comtat et l'abbé de l'Ile-Barbe accordèrent la cloche, à la condition que la ville donnerait 40 florins d'or pour réparer l'église d'Aigu. Ordre fut donné au sacriste de celle-ci, par l'abbé, de se transporter au prieuré, de livrer aux consuls la meilleure des cloches, et d'envoyer une des petites à l'abbaye de l'Ile-Barbe pour y servir à l'honneur de Dieu et de Marie sa mère. Louis dauphin, plus tard Louis XI, forma le projet de créer à Montélimar un Chapitre ou collège delphinal de prêtres et de le doter avec les biens de notre prieuré ; ce qui fut accordé par la bulle de Nicolas V, datée de Spolète le 10 juin 1449. Mathieu Pecoil, religieux bénédictin et prieur d'Aigu, réclama auprès de Louis dauphin, pendant que lui-même et l'abbé de l'Ile-Barbe en appelaient à l'official de Lyon de l'union du bénéfice à la collégiale. Le 29 novembre 1449, le dauphin enjoignait au sénéchal de Montélimar de défendre au Chapitre de troubler le prieur sa vie durant dans la perception des droits du prieuré. Mais le pape, par bulle du 24 mars 1450, confirma l'union en considération des avantages spirituels qu'elle procurait aux fidèles, et Sixte IV en fit autant le 18 mai 1472. L'union eut dès lors suite complète. En 1784 on voyait encore et on démolit les ruines du prieuré d'Aigu (1).

Eglise de St-Didier-d'Aigu. — Construite antérieurement à 1183, année où Lucius III la confirma à l'Ile-Barbe, cette église dépendait du monastère plus tard prieuré de Notre-Dame d'Aigu, dont elle était peu éloignée. Sans doute peu importante, elle est en tout cas peu connue. Nous pensons qu'elle est cette chapelle St-Didier près Montélimar où l'évêque de St-Paul, Guillaume Adhémar, donna la tonsure vers 1486. Ce prélat avait sans doute cru pouvoir le faire parce que la chapelle était dans son diocèse. Si l'évêque de Valence réclama, si même un prieur de St-Antoine, chargé par le pape d'examiner l'affaire, blâma Guillaume Adhémar, ce fut sans doute à cause de droits exceptionnels et de l'annexion du prieuré d'Aigu au Chapitre de Ste-Croix. En tout cas, M. de Coston nous apprend que la chapelle St-Didier, située au-delà du Roubion, est aujourd'hui détruite, et que son existence est « rappelée par la croix de fer placée près de la route d'Espeluche, au quartier Bénicroix. »

(1) Arch. de la Drôme, E. 6813 ; — *Masures*, I. pp. 117 et 147 ; — CATELLAN, *Antiquités de l'Eglise de Valence*, p. 334 ; — Arch. de M. Morin-Pons, dossier *Adhémar* ; — CHEVALIER, *Polypt. Valent.*, n. 98 et 114 ; — *Cartul. Montilii Adhem.*, pp. 36, 80, 108, 181-93, 281, 287-93, 308-9, 350-2 ; — VINCENT, *Not. hist. sur Montélimar*, pp. 1-16 et 42-3 ; — Baron DE COSTON, *Hist. de Montélimar*, passim ; — LACROIX, *L'Arrond. de Montélimar*, V. pp. 228-42, 294-303, 372 ; — BRUN-DURAND, *Dict. topogr. du départ. de la Drôme*, mots *Aygu* et *Montélimar* ; — *Cartul. de l'Ile-Barbe*, pp. 173-4, 181, 183, 191, 286.

Eglise de St-Saturnin-d'Aigu. — Construite, comme la précédente sur la rive droite du Roubion, peut-être même du Jabron, par conséquent dans le diocèse de St-Paul, elle fut pareillement confirmée à l'Ile-Barbe en 1183. La bulle de Lucius III est le seul document qui nous révèle son existence (1).

Eglise de St-André-de-Barry. — Appartenant à l'Ile-Barbe antérieurement à 1183, année de sa confirmation à cette abbaye par Lucius III, elle était située à Barry, village élevé et curieusement construit, à 4 kilomètres au nord de Bollène, à 6 kilomètres au levant de La Palud, et à 5 kilomètres au midi de St-Paul-Trois-Châteaux. Plus tard l'église de St-André disparut, et c'est à peine aujourd'hui si ses ruines permettent d'en distinguer le pourtour; mais l'église de St-Pierre de Senos, située au sud-ouest de la hauteur de Barry et bien connue au xve siècle (2), la remplaça comme église paroissiale et comme titre prieural. En 1607 et en 1691, on ne trouvait que « le prieuré de St-Pierre de Senos » et « le curé de St-Pierre de Senos, » quoique Le Laboureur qualifiât « St-Andre-de-Barres » de « prieuré » en 1665. Mais vers 1750 un document officiel constatait que « Barry ou St-Pierre de Senos » avait alors « M. le Cardinal de Rohan » pour « prieur », que la dîme était affermée 800 livres, et qu'il y avait un curé jouissant de 300 livres de revenu sans compter le casuel. Au prieuré de Barry les religieux de l'Ile-Barbe joignirent jadis le fief du lieu, comme nous l'avons vu plus haut. On le trouve plus tard en la possession du *collège d'Annecy*, fondé à Avignon par le cardinal Allarmet. Les administrateurs de ce collège vendirent ce fief en 1789, pour le prix de 8,000 livres, à M. de Ripert d'Alauzier, qui, bientôt après, en faisait hommage à la Chambre apostolique du Comtat (3).

(1) *Masures* cit., I, p. 117; — *Gallia Christ.*, I, col. 728; — LACROIX, *L'Arrond. de Montélimar*, V, 302-3; — DE COSTON, *Hist. de Montélimar*, I, 91.

(2) Le 6 décembre 1495, Guigues Vincent, curé de Grignan, léguait une vigne, située au territoire de Bollène *(in territorio Abolene)*, au lieu dit *in Monte Reculi, prope Sanctum Petrum de Senassio*, en faveur d'une chapelle fondée par ce même curé à l'autel de Ste-Catherine, dans l'église de St-Martin de Bollène. (Etude de Me Misson, notaire à Grignan, reg. coté *obedire*, f. cviij et suivant).

(3) *Masures*, I, p. 117, 146-7; — *Bull. de la Soc. d'Archéol. de la Drôme*, V, 266 et 394-8; — F. SAUREL, *Aéria*, p. 30-8; *Clairier, vérit. emplacement d'Aéria*, p 19-24; — Archiv. de Vaucluse, B, 15, 41, 1528, 1532, 1863 et 1907; *Cartul. de l'Ile-Barbe*, p. 189-9.

Eglise de Notre-Dame d'Allan. — Cette église confirmée à l'Ile-Barbe en 1183, en même temps que l'église du château du lieu, était prieurale au xiii siècle. Son prieur faisait chaque année 5 sous pour les amandes du couvent de l'Ile, et était porté pour 10 pauvres et trois messes dans le rôle des *aumônes des pauvres*. De plus, le chantre de l'Ile percevait à Allan la cense annuelle de 12 deniers viennois. Le prieuré était manifestement à côté de l'antique *église de Barbara*, dont on voit aujourd'hui les ruines sur le territoire d'Allan. En 1460, Barbara était sous la dépendance du prieuré d'Aigu, autre colonie lui-même de l'abbaye de l'Ile-Barbe, comme nous l'avons vu. Puis, Aigu ayant été uni à la collégiale de Montélimar, les revenus de Barbara suivirent la même voie. D'autre part, l'évêque de St-Paul avait, déjà longtemps avant 1462, la moitié des dîmes d'Allan, où nous trouvons en 1460 et en 1476 un vicaire perpétuel ou curé. En 1665 et en 1750 le prieuré est encore à l'évêque de St-Paul et au Chapitre de Montélimar, et la paroisse est desservie par un curé.

Chapelle du Château d'Allan. — Confirmée à l'Ile-Barbe en 1183, cette chapelle servait sans doute au culte divin pour les habitants du vieux village, alors fortifié (*castrum*), où elle était située. Nous ignorons si la chapelle fondée dans le château-fort d'Allan des Poitiers, et à laquelle Guyote d'Uzès, veuve d'Aimar de Poitiers, faisait un don par codicille au xive siècle, est la même. En tout cas, elle fut sans doute remplacée par cet édifice « bizarre et nullement en harmonie avec les cérémonies du culte, » qui a cédé son titre paroissial à l'église construite depuis quelques années au quartier de la Bégude (1).

Eglise de St-Pierre-de-Sallas. — Cette église, omise par mégarde plus haut, dans notre traduction de la bulle de 1183, fut confirmée cette année-là par le pape Lucius III à l'abbaye de l'Ile-Barbe. D'après une note de Le Laboureur, il s'agirait ici de l'église de « Salle » qui était en 1665 un « prieuré uni au Chapitre de Grignan » et qui est aujourd'hui paroissiale dans le canton de Grignan. Mais, comme nous l'avons expliqué ailleurs, l'église de Salles près

---

(1) *Masures*, I. p. 117; — Archiv. de la Drôme, fonds de l'évêché de St-Paul, B, 297; E, 606, 2577, 3356; — Lacroix, Invent. des arch. de la Drôme, E, 6574-6688; *L'Arrond.*, cit., I, 91-6; — *Bull. de la Soc. d'archéol. de la Drôme*, VIII, 105; — *Cartul. de l'Ile-Barbe*, pp. 174, 181, 183, 286.

Grignan était du diocèse de Die, et non du « diocèse de Trois-Châteaux, soit d'Orange, » où la bulle de 1183 place l'église de St-Pierre *de Sallas*. En outre, l'église de Salles près Grignan, devenue paroissiale vers la fin du xiiie siècle, était alors dédiée à Ste-Marie-Madeleine, et dépendait de l'abbaye de St-Philibert de Tournus, à laquelle elle fut enlevée en 1539 en faveur du Chapitre de Grignan, nouvellement créé. On peut soupçonner que l'église visée par notre bulle ait été celle de St-Pierre de Senos, ou une chapelle de St-Pierre située à Lapalud et ayant en 1750 jusqu'à 400 livres de revenu, ou celle de St-Pierre de Derbous lesquelles ne figurent pas autrement dans cette bulle. Nous avons dit où était St-Pierre de Sénos. St-Pierre de Derbous, probablement l'église de Derbous (*de Derbucio*) confirmée à l'évêque d'Orange en 1137, était au levant de Bollène, entre cette ville, l'église de St-Blaise et le village de Rochegude ; le quartier porte encore le nom de *St-Pierre*. Ce dernier eût été une dépendance de Bollène, et aurait ensuite laissé le titre à l'église St-Blaise, qui en est peu éloignée et ne figure pas dans la bulle. En effet, vers 1750 St-Blaise était du diocèse de St-Paul. Il avait pour prieur « le grand collège de St-Nicolas d'Annexis d'Avignon, » et son revenu était « compris avec celuy du prioré de Bollène. » Il y avait « un curé, n'ayant que 120 livres de revenus (1). »

Eglises de St-Sauveur et de St-Martin de Bolène. — L'église St-Sauveur fut donnée, ainsi que la *ville* même de Bollène, en 640, par Clovis II, à l'Ile-Barbe, qui en 971 recevait de Conrad-le-Pacifique confirmation de l'église, de la ville, et de toutes les dépendances de cette dernière. La bulle de Lucius III donnée en 1183 nous apprend que l'Ile-Barbe avait alors un monastère à Bollène, et des actes authentiques nous prouvent qu'au xiiie siècle les habitants de Bollène devaient fidélité à l'Ile. Celle-ci retirait de Bollène des revenus importants, en dehors même des ressources suffisantes pour l'entretien du monastère de ce lieu. Ainsi, parmi ceux qui contribuaient à pourvoir d'amandes le monastère de l'Ile, on trouve le prieur de Bollène cotisé 30 sous, quand celui d'Aigu ne l'était que 20 ; et le sacristain de Bollène était cotisé 5 sous

---

(1) *Masures*, I, p. 117-8 ; *Bullet. d'hist. ecclés. du dioc. de Valence*, I, 18-28 ; — Arch. de la Drôme, fonds de St-Paul-trois-Châteaux ; — *Gallia Christ.*, I, 132-3.

pour la même fin, comme celui d'Aigu. Le prieur de Bollène servait au cellérier de l'Ile une cense annuelle de 50 sous, au chambrier autant, et au grand sacristain de la même abbaye 3 sous par an; il figurait pour 60 pauvres et 10 messes sur le rôle des aumônes des pauvres. Enfin, le chantre de l'Ile percevait à Bollène 18 deniers viennois. D'autre part, les prieurs de ce lieu travaillèrent généralement de leur mieux à maintenir leurs revenus et leurs droits. Mais en 1428 le prieuré échappa à notre abbaye. Voici comment la chose se passa. Jean Allarmet, né à Brogny (Savoie) en 1342, et devenu évêque de Viviers en 1383, cardinal-prêtre de Ste-Anastasie en 1385, vice-chancelier de l'église Romaine, évêque d'Ostie, etc., etc., était un homme de grand talent et de très vaste science. Ses qualités éminentes le rendirent cher aux papes de son temps. Il voulut fonder à Avignon un collège pour des jeunes gens pauvres qui y étudieraient, et déjà pendant sa vie il avait donné à cette œuvre un commencement d'exécution. Il y était arrivé au moyen de ses propres ressources et du revenu du prieuré de Bollène, qu'Amédée, cardinal-diacre de Ste-Marie-la-Neuve, voulut bien résigner entre les mains de Pierre de Lune, antipape de 1394 à 1423 sous le nom de Benoît XIII. Le savant cardinal Allarmet voulant assurer l'existence de l'œuvre, en fit l'objet d'une clause particulière de son testament. Il y prescrivit de consacrer au collège une partie de ses biens. Cela était à condition que le monastère abbatial de Ste-Marie-des-Fours, situé à Avignon, alors dépendant de celui de St-André-lès-Avignon, et où il n'y avait plus que quatre religieuses presque sans revenu, serait concédé pour la fondation de ce collège. Une autre condition était que le prieuré de Bollène serait uni à celui-ci à perpétuité. Allarmet étant mort à Rome le 16 février 1426, ses exécuteurs testamentaires reçurent du pape Martin V, le 23 janvier 1428, des lettres apostoliques et une bulle les chargeant de la fondation. Ces exécuteurs demandèrent qu'il fût permis d'élever ce collège au monastère des Fours, dont les bâtiments lui seraient affectés et les religieuses transférées à un monastère du même ordre, moyennant suppression du titre abbatial des Fours. Ils demandèrent aussi que le prieuré de Bollène, dépendant de l'Ile-Barbe et gouverné par des moines, lui fût uni. Jean du Puits, prévôt de Carpentras, fut chargé d'instruire et de décider l'affaire. Après avoir pris connaissance des intentions du cardinal Allarmet relativement à la fondation du

collège, et de celles de 24 écoliers y étudiant le droit civil et canonique, il permit la fondation et érection demandée et attribua au collège les bâtiments du monastère des Fours. Il transféra les 4 religieuses qui y étaient encore, ainsi que leurs biens et revenus, au monastère de St-Urbain d'Avignon, et le titre abbatial des Fours fut supprimé. Le prévôt unit aussi au collège le prieuré de Bollène avec ses droits et revenus, de telle manière cependant que le nombre habituel des religieux de ce prieuré et celui des ministres ne fût par diminué et que les charges habituées fussent supportées. Tout fut fait selon cette décision, et ainsi fut fondé le collège de St-Nicolas d'Avignon dit *le Grand Collège* et quelquefois *le Collège de St-Nicolas d'Annecy*. En 1431, le pape Martin V confirma l'union de notre prieuré au collège St-Nicolas, « à la charge que le nombre des religieux demeurerait en son entier, lesquels religieux demeureraient sous la conduite d'un d'entre eux à ce député par les recteurs du collège, qui le pourroient aussi oster toutefois et quantes, voulant et entendant que ledit prieuré fût absolument des-uni de l'abbaye de l'Isle pour ne dépendre à l'avenir que dudit collège. » Encore confirmée par le concile de Bâle en 1435, cette union contrariait singulièrement les religieux de l'Ile-Barbe, dont l'un, Etienne Léobard, réussit à obtenir du pape Calixte III des lettres apostoliques, *in forma motus proprii*, rendant le prieuré à notre abbaye. Mais ces lettres furent déclarées subreptices par le même pape et restèrent sans effet. « Le pape
« confirma de nouveau tout ce que Martin V avait fait ; il sépara
« le prieuré de la dépendance du monastère de l'Ile-Barbe, le
« segregeant (ce sont les termes de la Bulle) de la supériorité, puis-
« sance et visite de l'abbé dudit monastère, et la réservant au St-
« Siège. Donne de plus pouvoir et puissance au recteur et collegiez
« du collège » susdit « de conférer les places monachales vacantes
« dudit prieuré à quelqu'autre moine du même ordre, ou d'autre
« Religion, et même à quelque prêtre ou clerc séculier ; de leur
« donner l'habit que les moines dudit prieuré ont coutume de
« porter ; recevoir d'eux la confession régulière, etc. Donne aussi
« ausdits collegiés la punition des manquements de ces moines, et
« le pouvoir de choisir et de députer l'un d'entre eux, amovible
« toutesfois, au plaisir du collège qui ait intendance sur les autres. »
Cette bulle qui est de l'an 1458, fut confirmée la même année par Pie II. Les abbés de l'Ile-Barbe prétendirent encore à la visite du

prieuré en 1484 et en 1505 ; mais tout cela resta sans effet, et Le Laboureur, après avoir constaté que cette union « au collège d'Avignon » existait encore en 1665, écrit à cette date que le prieuré « est demeuré irrégulièrement régulier, l'abbaye dont il « devoit dépendre ayant esté sécularisée. » Cet historien ajoute ensuite: « Le désordre y est bien si grand, que comme les clercs « séculiers deviennent moines en entrans dans ce prieuré, aussi « ces moines sont séculiers quand ils veulent, quittans l'habit de « ces bénéfices, auquel consiste toute leur régularité. » Un *Etat* des bénéfices du diocèse de St-Paul nous apprend que vers 1750 « le « Grand Colège d'Anexis d'Avignon » était « prieur et conseigneur « de Bollène », et jouissait « de la dîme affermée 3,800 livres, « non compris une réserve de 50 saumées bled froment évalué à 30 « livres la saumée, ce qui » faisait « en tout un revenu de 5,300 « livres. » Enfin vers 1770, la Chambre apostolique du Comtat recevait du « collège de Saint-Nicolas d'Annecy établi à Avignon, l'hommage pour Bollène, Barry, Chabrières et partie de Thouzon. »

Eglise de St-Geniès. — Nous n'osons affirmer que l'église de ce nom, dont le pape confirmait la possession à l'évêque d'Orange en 1137, soit celle du même nom que Lucius III confirmait à l'Ile-Barbe en 1183 ; mais la chose est pour le moins fort vraisemblable. En tout cas Le Laboureur nous avertit que le « St-Geniès » dépendant de cette abbaye à cette dernière date, était en 1665 une « église ruinée (1). »

Eglise de la Motte. — Cette église doit apparemment à sa proximité de Montdragon le nom de *ecclesia de Mota de Montedracone* que lui donne la bulle de 1183 en la confirmant à l'Ile-Barbe. Elle était dédiée à la Très Sainte Vierge et son recteur ou curé était tenu à faire au prieur de Bollène une pension annuelle de 10 saumées de blé, quand, le 23 octobre 1403, une bulle de Benoît XIII l'unit au Chapitre de Saint-Paul-Trois-Châteaux. Aussi Le Laboureur écrivait-il en 1665 que « la Motte de Mont-« dragon » était alors un « prieuré tenu par le chapitre de St-Paul. »

---

(1) *Gallia Christ.*, I, col. 581-2, 870-1 ; instrum., pp. 136 et 146 ; t. XVI, col. 438-9, 463-4 et 570-9 ; — *Masures* cit, pp. 221-3 et 233-5 ; — UL. CHEVALIER, *Répert. des sources histor.*, col. 81-2 ; — Arch. de la Drôme, fonds de St-Paul, cahier du temps ; — Arch. de Vaucluse, B, 17, 1476, 1479, 1482; 1488, 1491, 1495, 1499-1501, 1505, 1507, 1511, 1517-8, 1520-69, 1582, 1597, — *Cartul. de l'Ile-Barbe*, pp. 13, 174-6, 181, 183.

En 1750, cette église était encore sous le vocable de Notre-Dame et tenue par le Chapitre de Saint-Paul. Un curé y faisait le service paroissial.

Avant de passer outre, observons qu'au lieu de regarder les mots *de Montedracone* comme un moyen de distinguer cette *Motte* d'avec les autres, comme Le Laboureur l'a fait avant nous, on pourrait y voir l'indication d'une église *de Montdragon* possédée, comme celle de *la Motte*, par l'Ile-Barbe en 1183. Ce serait chose à vérifier et que les termes de la bulle ne permettent pas à eux seuls de décider (1).

Eglise de St-Jean de Lagonière. — Cette église, qu'un vidimus du XV⁰ siècle appelle de St-Jean *del Soneria*, et dont la mention a été à tort un peu changée de place dans notre traduction de la bulle de 1183, était située sur la rive droite du Lez. Elle fut donnée, ainsi que sa ville *(villa)*, à l'Ile-Barbe, en 640, par le roi de Bourgogne Clovis II. Lucius III la confirma à la même abbaye en 1183. Elle était « ruinée » antérieurement à 1665, comme le constatait Le Laboureur en ladite année.

Eglise de Ste-Marie de Crosis. — Cette église n'est nommée, à notre connaissance du moins, que dans la charte de 640, par laquelle le roi de Bourgogne la donnait, avec sa ville, à l'abbaye de l'Ile-Barbe. Comme elle figure entre celle *de Lagoneria* et celle de St-Jean *de Grellas*, et que, à cette même place, figure dans la bulle de 1183 l'église *de Torcularibus*, confirmée ladite année à la même abbaye, mais inconnue depuis lors, nous soupçonnons fort quelle soit la même que cette dernière église.

Eglise de St-Jean de Grellas. — Située très probablement sur la rive droite du Lez, elle fut acquise, ainsi que sa *ville*, par l'Ile-Barbe, entre 628 et 638, du roi Dagobert, dont le fils Clovis II la confirma à cette abbaye en 640. Confirmée encore à la même abbaye en 1183 par le pape Lucius III, elle dut disparaître ensuite ; car, en 1665, Le Laboureur écrivait que « *Grellas* » était alors un « lieu inconnu (2). »

---

(1) *Masures*, I, p. 118 ; — Arch. de la Drôme, fonds de St-Paul ; — Arch. de Vaucluse, B, 2237-2241 ; — Boyer, *Hist. de Saint-Paul*, p. 321-3.
En 1137, Innocent II confirmait à Guillaume, évêque d'Orange, l'église de Montdragon avec ses dîmes et possessions (*Gallia*, I, instrum., p. 132-3). — Sur *Notre-Dame-de-la-Ronde* de Montdragon en 1455 et en 1534, voir col. 790 de ce volume du *Gallia*.

(2) *Masures*, I, 35-6, 65, 117-8 ; — *Cartul.* cit., pp. 217-8, 217-9.

Eglise de St-Didier d'Olières. — Située sur la rive gauche du Lez, comme Bollène, et au même territoire que cette ville, l'église St-Didier *(ecclesia Sancti Desiderii)* était au lieu appelé Olières *(in loco qui dicitur Olerias).* Elle fut donnée à l'Ile-Barbe, en 640, par le roi Clovis II. Elle ne figure pas en 1183 parmi les possessions de cette abbaye ; car l'église de ce nom, située *in Aiguno* et donnée par la bulle de Lucius III, était vers Montélimar. Mais il y a encore sur le territoire de la commune de Bollène, vers son extrémité sud-est, un quartier dit *de St-Didier.*

Eglise de St-Arey — Située sur la rive gauche du Lez, comme l'église précédente, et au même territoire, dans un lieu appelé Marran *(in Marrano),* cette église fut donnée, en 640, avec sa ville *(cum villa sua),* à l'Ile-Barbe, qui en eut confirmation, en 1183, du pape Lucius III. Elle fut plus tard donnée aux Pères Recollets, qui l'avaient en 1665 (1).

Eglise de Bauljon. — Lucius III confirmait à notre abbaye, en 1183, l'église *de Belgione,* et Le Laboureur, dans une note à cet endroit, nous dit seulement que « Bauljon » était en 1665 un « prieuré », appartenant « au grand collège » d'Avignon. Il s'agit peut-être ici de Bauzon près Bollène, quartier qui eut titre de baronnie aux XVIIe et XVIIIe siècles, et dont le fief fut hommagé à la chambre apostolique, vers les premières années du XVIIIe, par les consuls de Bollène.

Eglise d'Esparansian. — Cette église *(de Sparanciano),* que nous croyons différente de la précédente, quoique la ponctuation de Le Laboureur tende à les confondre, était à l'Ile-Barbe en 1183, année de sa confirmation à cette abbaye. Il s'agit ici de Saint-André d'Espérance, dont la localité avait, en 1302, parmi ses seigneurs Hugues de Caderousse, pareillement seigneur de Rochegude et d'Albagnonet. Cette même localité est appelée *de Esperansano* dans un acte de 1321 qui lui donne aussi le vocable de St-André. Ce dernier acte, qui est une reconnaissance du dauphin au pape Jean XXII, énumère comme fiefs y reconnus ceux de Rochegude, Piégon, Novezan, Albagnonet, St-André d'Esparansian, Saint-Maurice et Bouchet.

Eglise de Notre-Dame d'Aubonne. — En 1137, l'église d'Au-

(1) *Cartul. de l'Ile-Barbe,* p. 217-9 ; — *Masures,* pp. 35-6, 65 et 118. — Il y avait un couvent de Recollets à Bollène au XVIIe siècle.

bonne *(de Albuna)*, avec ses dîmes et ses possessions, était confirmée à l'évêque d'Orange, et en 1183, la possession de Notre-Dame d'Aubonne *(eccles. Sancte Marie de Albuna)* était confirmée à l'Ile-Barbe. En 1665, dit Le Laboureur, « Notre-Dame d'Aubonne » était un « prieuré » tenu par le « ch(apitre) de Baumes », dont il sera question plus loin (1).

Eglise de Saint-Nazaire. — La bulle de 1183 porte confirmation à l'Ile-Barbe de l'église de St-Nazaire, ainsi que de la chapelle de Baumes *(eccles. Sancti Nazarii cum capella de Balma)*. A nos yeux, Saint-Nazaire était une église dont dépendit d'abord la chapelle de Baumes, mais qui finit par le céder à celle-ci. Le Laboureur ne nous en dit rien dans ses notes sur la bulle de 1183.

Chapelle de Baumes. — L'église de Baumes *(de Balmis)*, confirmée à l'évêque d'Orange en 1137, était sans doute l'église de Saint-Nazaire ou la chapelle de Baumes. Celle-ci, après être restée dans son rang secondaire, devint un prieuré, lequel fut lui-même érigé en chapitre au XVIe siècle; car Le Laboureur écrivait en 1665 que cette chapelle était alors un « prieuré érigé en chapitre depuis cent ans. » Baumes, terre relevant jadis de la Chambre apostolique, est aujourd'hui un chef-lieu de canton de l'arrondissement d'Orange. Il doit son nom à la montagne percée de grottes au pied de laquelle s'élève son village. L'église de celui-ci renferme une nef du style roman.

Eglise de St-Dalmatien de Causans. — Il s'agit sans doute ici de l'église de Causans dédiée à Saint-Dalmatien, figurant en 1137, dans l'acte confirmatif de ses dîmes à l'évêque d'Orange, avec le simple titre d'église de Causans *(eccles. de Causanis)*. Confirmée à l'Ile-Barbe en 1183 elle avait au XIIIe siècle, un prieur *(prior de Casau, de Causanz, de Casoz)*, payant annuellement au couvent de l'Ile trois sous pour les amandes de celui-ci, au grand sacristain 18 deniers de cense et au camérier huit sous. De plus, ce prieur était porté pour dix pauvres et trois messes sur le rôle des aumônes des pauvres. Enfin, le chantre du monastère de l'Ile percevait annuellement six deniers viennois à Causans, encore qualifié de prieuré par Le Laboureur en 1665 (2).

(1) *Gallia Christ.*, I, 132-3; — Arch. de Vaucluse, B, 15, 1549, 1905-32; — *Masures*, I, 118; — CHEVALIER, *Invent.* cit., n° 1230; — Arch. de l'Isère, B, 2639; — Arch. de Rochegude, FF, 21.

(2) *Masures*, I, 118; — *Cartul. de l'Ile-Barbe*, pp. 174, 176-7, 181, 183, 288; — Arch. de Vaucluse, B, 8, 2527; — *Gallia Christ.*, I, instrum., p. 132-3.

Eglise de Mulieras. — Confirmée à l'Ile-Barbe en 1183, l'église de Mulieras *(de Mulieratis)* était déjà « inconnue » en 1665, du moins pour Le Laboureur.

Eglise de Saint-Thirs. — Celle-ci, pareillement confirmée à notre abbaye en 1183, était « ruinée » en 1665.

Eglise de Notre-Dame du Plan. — Comme celle-ci ne figure pas dans la bulle de 1183, nous devons conclure qu'elle n'existait pas alors, et il ne serait pas trop téméraire de penser qu'elle ne fut construite qu'en vue du monastère auquel elle devait servir. Or, nous avons vu que la donation de cette église eut lieu en 1200, et que l'abbé de l'Ile-Barbe la fit moyennant une redevance pécuniaire et d'autres droits constituant une dépendance des religieuses du monastère envers lui et ses successeurs. Du reste, après avoir existé deux siècles et demi sous cette dépendance, le monastère fut uni à l'abbaye de Saint-Pierre du Puy près Orange, avec l'histoire de laquelle sa propre histoire se confond jusqu'à la disparition, au xviiie siècle, de l'abbaye et du monastère prieural annexé (1).

Nous avons déjà dit plus haut ce que nous savons de la *seigneurie de Bollène* et du *fief de Barry*, dépendants de l'Ile-Barbe.

Passons aux églises, monastère et chapelles de cette abbaye situés dans le diocèse de Vaison (2).

VIII

Eglise de Malaucène. — La bulle de 1183 portait confirmation à l'Ile-Barbe de l'église de Malaucène *(eccles. de Malossena)*. Le Laboureur écrivait en 1665 que celle-ci était alors un « prieuré tenu par ceux de Notre-Dame des Doms. »

---

(1) *Masures*, Ier, pp. 118 et 131; — *Gallia*, I, 788-92; instr., p. 136; — Archiv. de Vaucluse, B, 1554, 1596, 1634, 1642, 1661; — U. Chevalier, *Bull. d'hist. eccl. de Val.*, V, 135; *Myst. des Trois Doms*, pp. cxli et 698.

(2) Avant d'aller plus loin, il y a lieu de noter que Lucius III confirma à l'Ile-Barbe, en 1183, l'église de Ste-Marie des Innocents, située dans le diocèse de Carpentras. Le Laboureur notait en 1665 que « Notre-Dame des Innocents » était un « prieuré rural. » (*Masures*, Ier, p. 118). Cette église était la seule qui dépendit, en 1183, de l'Ile-Barbe dans le diocèse de Carpentras. Ce diocèse lui-même est le seul de ceux de notre midi qui n'avaient rien en Dauphiné, où se soient étendues les dépendances de notre abbaye.

Monastère de St-Benoît de la Chapelle. — Les religieux de l'Ile-Barbe construisirent au xe siècle, sur un mamelon, non loin d'une forêt, à mi-chemin entre Malaucène et Uchaux, une chapelle qui fut dédiée à St-Benoît. Quelque temps après, cette chapelle était confirmée à l'abbaye par Conrad-le-Pacifique. La charte de ce roi est de l'année 971. Deux siècles plus tard, la chapelle se trouvait transformée en un monastère sous le vocable du même saint, et en 1183 Lucius III le confirmait à la même abbaye. Pour une raison facile à comprendre, on l'appelait alors le monastère de St-Benoît de la Chapelle (*monasterium Sancti Benedicti de Cappella*). L'Ile-Barbe posséda longtemps ce monastère, appelé simplement *prieuré de la Chapelle* dans un acte de 1264, dont Aymon, son prieur, fut témoin. Puis, au xiiie siècle, on trouve le prieur de la Chapelle (*prior Capelle* et *prior de la Chapella*) inscrit aux *aumônes* pour vingt pauvres et quatre messes, et tenu à faire annuellement 12 sous pour les amandes du couvent de l'Ile, 2 sous au grand sacristain et 20 sous au chambrier. De plus, le chantre de ce couvent percevait 12 deniers viennois par an sur la Chapelle, dont le prieur G. était en 1305 à l'Ile, où il donnait, de concert avec le grand prieur et d'autres religieux, la procuration du 4 décembre de ladite année dont nous avons parlé plus haut. Antérieurement à 1426, le même prieuré s'appelait *la Chapelle de Ste-Marie-Madeleine*; on le voit par l'acte de la collation qui en fut faite, en 1426 même, par l'abbé de l'Ile-Barbe, Aynard de Cordon, à Eustache de Montmajour, religieux profès de son monastère. Eustache fut, en effet, mis en possession de ce prieuré le 14 mars 1427; puis, on l'y trouve remplacé, dès 1456, par Simon Chevelut, aussi religieux de l'Ile-Barbe. Mais ce dernier résigna le bénéfice en faveur de l'infirmerie de l'abbaye, et en 1470, une bulle de Paul II donnait le prieuré de la Madeleine à Jacques Glatody, prieur de cette infirmerie, et à ses successeurs, moyennant la pension annuelle et viagère de 15 livres tournois, en faveur du résignataire. Aussi Le Laboureur écrivait, en 1665, que l'ancien monastère de « la Chapelle » était alors un « prieuré uni à « l'infirmerie de l'Ile. » D'autre part, parmi les possesseurs de biens de main-morte à Malaucène, en 1674, figure François de Troncy, « prieur du prieuré rural de Ste-Madeleine. » Puis, plus tard, à ce que MM. Ferdinand et Alfred Saurel nous assurent, le prieuré de la Madeleine finit par devenir bénéfice curial et fut, dès lors, desservi par les prêtres agrégés de Malaucène. Ceux-ci y disaient la messe tous les dimanches et fêtes, durant la belle saison, pour la commodité des gens de la campagne. MM. Saurel ajoutent que « le revenu annuel de ce bénéfice était, sur la fin du « siècle dernier, de sept cents livres environ, dont une partie de- « vait, sans doute, revenir aux comtes de Lyon (chanoines de « St-Jean, auxquels l'abbaye avait été unie) qui furent toujours « considérés comme les vrais propriétaires jusqu'à la Révolu- « tion (1). »

Eglise de St-Romain-en-Viennois. — Confirmée à l'Ile-Barbe en 1183, cette église était prieurale au xiii° siècle, époque où son prieur (*prior Sancti Romani in Vanesio, Vaneysio, Vannesio, Vaneys, Vianesyo*, et *de Vaneysio*, de Vaneys) devait annuellement 12 sous pour les amandes du couvent de l'Ile. Le rôle des *annuels non comptés* comprend le prieur susdit pour *40 sous viennois et pour son anniversaire, savoir Guillaume de Sachins*. De plus, ce prieur devait 12 deniers de cense par an au grand sacristain, 10 sous de cense au camérier, et il figure pour vingt pauvres et quatre messes dans le rôle des *aumônes des pauvres*. Enfin, toujours au xiii° siècle et au commencement du xiv°, le chantre de l'Ile percevait 6 deniers viennois par an à St-Romain-en-Viennois. Parmi les prieurs, nous connaissons Guichard de Marcheant, qui participa, en 1284, à la confection des nouveaux statuts du monastère de l'Ile, et Guy, qui était à l'Ile le 4 décembre 1305, donnant avec d'autres la procuration de cette date dont nous avons parlé. Avec le prieuré, l'Ile avait dans le lieu un fief à raison duquel les seigneurs de St-Romain lui devaient hommage et fidélité pour le château et le district de St-Romain au diocèse de Vaison, et Pierre Arnouz et Guillaume Argenz l'hommage de ce qu'ils avaient dans la *ville* de St-Romain-en-Viennois. Evidemment, la localité en question, que Le Laboureur qualifie de prieuré en 1665, est la paroisse du même nom, faisant aujourd'hui partie du canton de Vaison.

Eglise de Puyméras. — Confirmée à l'Ile-Barbe en 1183, cette église était située au nord de la précédente et en dépendit. Le Laboureur dit « Puy-Méras uni à St-Romain. » Puyméras est aujourd'hui une paroisse du canton de Vaison.

(1) *Masures*, I, 65 et 118; — F. et A. Saurel, *Hist. de Malaucène*, I, p. 254-7; II, p. xlv-vi; — *Cartul. de l'Ile-B.*, pp. 32, 69, 135, 174-7, 181, 286. — Archiv. de Vaucluse, B, 23.

Eglise de St-Georges. — Confirmée à l'Ile-Barbe en 1183, elle était « ruinée » en 1665, dit Le Laboureur.

Eglise de Saint-Marcel. — Confirmée à la même abbaye en 1183, elle était, en 1665, un « prieuré tenu par ceux de St-André « d'Avignon, » c'est-à-dire par les religieux Bénédictins de St-André de Villeneuve-lès-Avignon.

Eglise de Tilletoupes. — Confirmée comme la précédente et en même temps, cette église était « ruinée » déjà avant 1665.

Eglise de Saint-Blaise de Plaisians. — L'église de St-Blaise, confirmée à l'Ile-Barbe en 1183, était sans doute alors l'église principale de Plaisians, aujourd'hui paroisse du canton du Buis (Drôme). Saint Blaise est encore actuellement patron de la paroisse de Plaisians; mais tandis que la bulle de 1183 place cette église dans le diocèse de Vaison, des documents certains placent Plaisians, aux siècles derniers, dans le diocèse de Gap.

Chapelle de Plaisians. — Cette chapelle, que la bulle de 1183, en en portant confirmation à l'Ile-Barbe, place dans le diocèse de Vaison, servait sans doute alors au culte divin avec dépendance de St-Blaise. Elle était apparemment dans une agglomération de maisons.

Fief de St-Romain-en-Viennois. — Nous en avons parlé à propos de l'église.

Fief des Jonchiers. — Des actes de 1242 et de 1251 portent reconnaissance par Raymond de Mévouillon, en faveur de l'Ile-Barbe, du haut fief de *Jonchia*, et ce fief figure encore dans la transaction de 1262, entre le comte de Provence et l'abbé, portant que le comte n'y pourrait rien acquérir sans l'exprès consentement de l'Ile-Barbe. Où était ce fief, que Le Laboureur appelle *Jonques*, et d'autres *Jonchère*? Probablement à Beauvoisin (commune du canton du Buis et autrefois du diocèse de Vaison), où se trouve le quartier des *Jonchiers* (1).

---

(1) *Masures*, I, 118, 172-3, 180; — *Cartul. de St-Victor*, n. 844 et 848; — Saurel, *Hist. de Malaucène*, I, 95-7 et 255-6; — Lacroix, *Invent. des arch. de la Dr.*, C, 179; E, 2892-918, 4307-9; *Le canton du Buis*, p. 22-3; *Bull. Soc. d'Archéol. de la Dr.*, XVII, 300, 303, 307. 424-8; *Cartul. de l'Ile-B.*, pp. 13, 28. 34, 54, 69, 135, 165, 174-7, 181, 183, 286; — Chevalier, *Invent. des Dauphins en 1346*, n. 1346-7; — Vincent, *Not. sur le Buis*, p. 13.

IX

L'Ile-Barbe avait, dans le diocèse de Sisteron, neuf monastères, églises ou chapelles, savoir :

Monastère de Saint-May. — Saint-May est aujourd'hui une paroisse du canton de Remuzat. Son village est bâti sur la rive droite de la rivière d'Eygues; il a pour origine un monastère qui existait déjà depuis quelque temps, quand, au commencement du vi^e siècle, saint Marius en prit le gouvernement et l'illustra par ses vertus et ses miracles. Après la mort de ce saint abbé, arrivée vers 550, le monastère subit un affreux désastre. Relevé au temps de Charlemagne, il fut dissous vers 925, et ses bâtiments comme ses biens passèrent à d'autres religieux. L'Ile-Barbe eut le monastère, appelé *de St-Marius, de St-Mary* et *de St-May*, et en reçut confirmation en 1183. Ce monastère devint ensuite un simple prieuré, dont relevèrent longtemps divers bénéfices du voisinage. Nous voyons Albert, envoyé du prieur de St-May, assister, en 1251, à un hommage fait à l'abbé de l'Ile, et G., prieur de St-May, assister lui-même, en 1257, à un autre hommage fait au même abbé. Puis, le prieur Guichard remplit la mission dont nous avons parlé plus haut. Au xiiie siècle, le prieur faisait annuellement, à la Chambre de l'Ile, pour les bugnets (*pro bugnietis*), 3 sous; pour les amandes du couvent, 15 sous; au cellérier de l'Ile, 15 sous de cense; au grand sacristain, 2 sous censuels; au chambrier, une cense de 32 sous. Le chantre de l'Ile percevait à St-May 12 deniers viennois, et le prieur de ce dernier lieu était porté pour soixante pauvres et dix messes au rôle des *aumônes des pauvres*. En 1284, le prieur Hugues fit partie de l'assemblée des religieux qui rédigea de nouveaux statuts pour le monastère de l'Ile. En 1292, le prieur de St-May figure pareillement parmi les religieux qui firent des règlements intéressant l'abbé et ses religieux. De 1262 à 1307, les prieurs et le prieuré eurent la part que nous avons vue dans les longues procédures relatives au traité de 1262 et à d'autres affaires. Enfin, comme on trouve Paul de Thollon, seigneur et prieur de St-May, en 1624 et 1639, il y a lieu de penser qu'au prieuré était toujours annexée la seigneurie du lieu, mais que celui-là était, dès lors, sécularisé. Seigneurie et prieuré rapportaient à Thollon 900 livres par an (1).

Eglise de St-Jean. — Cette église, confirmée à l'Ile-Barbe en 1183, était apparemment celle d'un prieuré situé non loin de Saint-May, quoique sur la rive gauche de l'Eygues. Nous disons *apparemment*; nous pourrions dire *certainement*, car M. Lacroix, notre savant archiviste de la Drôme, dans sa notice sur Sahune, confirme notre dire sans nous avoir lu. Au xviie siècle, on voyait encore, dans la partie nord du territoire de Sahune, par conséquent entre le ruisseau de Merderic et le contour sinueux suivi par l'Eygues au-dessous de Saint-May, les vestiges d'un vieux couvent ou monastère appelé *de Saint-Jean*, avec fonds autour, dont le seigneur jouissait vers 1689. Aujourd'hui encore, ce lieu isolé porte le nom de *Saint-Jean*. L'enclos du monastère se distingue facilement. On en aperçoit les ruines de la route nationale. C'est un vrai oasis de verdure. Il s'étendait du torrent de Merderic au ruisseau de Berge.

Chapelle du château. — Construite en vue du service divin à faire au château, c'est-à-dire dans l'agglomération fortifiée, cette chapelle fut confirmée avec l'église précédente aux religieux de l'Ile-Barbe chargés de la desservir. Mais s'agit-il d'un château de Saint-May construit près de l'Eygues, au-dessous du prieuré ? Nous le pensons, sans oser l'affirmer. En tout cas, cette agglomération avait des rapports particuliers avec l'église Saint-Jean, d'après les termes de la bulle de 1183 (2).

Eglise de Saint-Pierre de Sahune. — Confirmée à l'Ile en 1183, cette église était sans doute celle d'un prieuré établi à Sahune même. Saint Pierre est encore aujourd'hui patron de la paroisse de Sahune. Le Laboureur nous apprend qu'en 1665, « Sehune » était un « prieuré » dont « l'église » était « ruinée. » On aura reconstruit celle-ci ou transféré son titre à celle qui le porte actuellement, c'est-à-dire à l'église paroissiale.

(1) *Gallia,* I, 506-8 ; — *Masures,* I, 118 ; — Columbi, *Opusc.,* 107; — Nadal, *Hist hagiol.,* 181-4; — *Bull. Soc. d'Archéol. de la Dr.,* I, 46-56, 151-73, 257-72; II, 5-15, 229-52; III, 127-43; VI, 433, 435; IX, 118; XIII, 369-77; — *Invent. des arch. de la Dr.,* E, 2342 et 2994; — *Cartul. de l'Ile-B.,* pp. 21, 23, 34, 48, 50-6, 58, 61-70, 133, 135, 165, 173-7, 181, 183, 283-6.

(2) *Masures,* I, 118 ; — Archiv. commun. de Sahune, CC, 23 ; — *Bull. de la Soc. d'Archéol. de la Dr.,* Ier, 164-5; II, 246; — Lacroix, *L'arrond. de Nyons,* II, p. 353-4.

Eglise de St-Julien. — Confirmée, comme la précédente, en 1183, elle était sans doute située dans le territoire de la commune actuelle de Montréal et desservie par les religieux d'un prieuré du voisinage. Montréal a ressorti du prieuré de Sahune. Vers la fin du xviie siècle, le prieur renonça à son bénéfice, probablement trop chargé selon lui par les congrues à faire au curé de Sahune et à celui de Montréal. Aux xviie et xviiie siècles, on trouvait, parmi les biens de la cure de Montréal, une « terre à St-Julien. » Il y a encore aujourd'hui le quartier de *St-Julien*; il est au nord et à peu de distance de l'église et du village actuels, dont il est séparé par le ruisseau de *St-Julien*, affluent du Merdaric (1).

Eglise de Langoustier. — Située dans le territoire de la commune actuelle de Pelonne, en un quartier jadis appelé *Langoustier*, elle fut confirmée à l'Ile-Barbe en 1183. Elle a disparu depuis longtemps. Comme l'église de Pelonne même était du diocèse de Gap, celle de Langoustier devait se trouver vers la limite méridionale du territoire de ladite paroisse, du côté de Poët-Sigillat et de Bellecombe, qui, comme l'église de Langoustier, étaient du diocèse de Sisteron.

Eglise de Soubeyran. — La partie septentrionale du territoire de Bellecombe (aujourd'hui du canton du Buis) s'appelait jadis *Cebeiran* et avait une bâtie ou castel avec péage, appartenant en 1330 aux Remuzat. Aujourd'hui, c'est le *Col-de-Soubeiran*. Or, la bulle de 1183 nous apprend qu'il y avait, à cette date, une église dépendante de l'Ile-Barbe. C'est l'église que ce document appelle *de Cibarrano*, et qui, paraît-il, n'existait déjà plus au temps de Le Laboureur.

Eglise de Tarendol. — Tarendol (*Torrendos* en 1183, en 1251 et plus tard, *Tenendox* en 1261, *Terrandos* au xiiie siècle, *Terendos* en 1284, *Tarendolium* en 1376, et *Tarandol* en 1789) était jadis un fief, appartenant aux Remuzat de 1330 à 1407. On y trouve encore un hameau, situé au nord-ouest du village, chef-lieu de Bellecombe, dont il est séparé par une profonde dépression de terrain. Il y avait jadis une église dépendante de l'Ile-Barbe, à qui elle fut confirmée en 1183, et qui était prieurale au xiiie siècle. Le premier prieur connu est Guillaume (*Guillermus, prior de Tenen-*

---

(1) *Masures*, I, p. 118. — Lacroix, *Invent. des arch. de la Drôme*, E, 5115-7, 5185, 5222-3.

dox), qui en 1261 était à l'Ile-Barbe, parmi les religieux qui avec l'abbé donnèrent procuration aux prieurs de St-May et de Lemps pour faire la convention de 1262 avec le roi de Sicile. Alors et plus tard, le prieur faisait chaque année 5 sous pour les amandes du couvent de l'Ile, 12 deniers de cense au grand sacristain, 10 sous de cense au chambrier. Il était inscrit pour vingt pauvres et trois messes au rôle des *aumônes des pauvres*. Le chantre du monastère de l'Ile percevait 6 deniers viennois à Tarendol. On a le testament d'Antoine André, « prêtre de Tarendoux, » fait vers 1564. En 1624, le prévôt de la cathédrale de Vaison était prieur de Saint-Sauveur, Bellecombe, *Tarandol*, Bésignan et Gouvernet. En 1665, Le Laboureur qualifie de « prieuré » Tarendol, qui figurait encore en 1790 comme commune à part de Bellecombe.

Eglise de Notre-Dame de Sise. — Confirmée à l'Ile-Barbe en 1183, elle figure, dans les notes de Le Laboureur, en ces termes : « N(otre)-D(ame) de Sise (1). » M. Brun-Durand la place sur le territoire de la Bâtie-Verdun, commune de Saint-Sauveur, canton du Buis.

Seigneurie de St-May. — L'Ile-Barbe avait certainement depuis très longtemps cette seigneurie, quand en 1262 il fut stipulé, comme nous l'avons vu, entre l'abbé Pierre et le comte de Provence, que ce dernier prendrait tous les ans une émine rase d'avoine de tous les habitants des châteaux de Lemps, de St-May, etc. Cette même seigneurie resta fort longtemps à notre abbaye ; car elle apparaît encore unie au prieuré, ou du moins entre les mains du même personnage, à la fois prieur et seigneur de St-May par conséquent, pendant le xviie siècle.

Seigneurie de Linseul. — En 1245, le seigneur de Montauban faisait hommage à l'Ile-Barbe pour le château de Linseul (*de Nixolio*), objet d'une nouvelle formalité entre eux en 1266. Des actes de 1305 nous montrent encore Linseul (*Nissolium*), au diocèse de Sisteron, comme étant de la mouvance et seigneurie de l'abbaye, et, comme tombé en commis pour avoir été vendu sans le consentement de l'abbé.

(1) *Masures*, I. p. 118 ; — A. Lacroix, *Invent. des arch. de la Dr.*, E, 2339, 2342, 2712, 4166-70, 4274, 5112 ; *Le canton du Buis*, p. 6-8 ; *L'arrond. de Nyons*, p. 113-8 ; — Brun-Durand, *Diction. topogr. de la Dr.*, mots Bellecombe, Col-de-Soubeyran, Langoustier et Tarendol ; — Chevalier, *Invent. des Dauphins de 1346*, n. 1236, 1242 ; — *Cartul. de l'Ile-B.*, pp. 26, 34, 49, 174-7, 181-3, 286.

Coisses de Sisteron. — En 1305, les agents du comte de Provence cédèrent à l'Ile-Barbe « les coisses ou droit de mesurage de Sisteron, » en échange de sommes d'argent dus par ce comte à cette abbaye. Le 26 avril 1306, celle-ci fut mise en possession des dites « coisses. »

Fief de Mireval. — Des actes de 1242 et de 1251 montrent les Mévouillon faisant hommage à l'Ile-Barbe pour la seigneurie de *Mireval*. Où était ce fief? S'agit-il de Mireval, localité du canton de Noyers (Basses-Alpes)? S'agit-il d'un autre lieu à nous inconnu? Faut-il au contraire supposer une mauvaise lecture de l'original ? *Sub judice lis est.*

Fiefs de la Bâtie et des Bâties Neuves. — En 1245, les Montauban faisaient hommage à l'Ile-Barbe pour le château de la Bâtie (*de Bastida*), et le cartulaire de l'abbaye détermine celle-ci en l'appelant là Bâtie d'Auban (*Bastida Albani*). Puis, en 1251, les Mévouillon lui faisaient hommage pour les Bâties-Neuves (*Bastidas novas*). Il s'agit évidemment de Bâties différentes : les Montauban n'avaient pas les mêmes fiefs et seigneuries que les Mévouillon. Mais quelle est celle qu'hommagèrent les Montauban? quelle est celle qu'hommagèrent les Mévouillon? Les Montauban étaient, en 1284, seigneurs de la Bâtie-Verdun (hameau de St-Sauveur près le Buis), de la Bâtie-Gouvernet (autre hameau de St-Sauveur) et de la Bâtie de Pierre Roux (peut-être *les Roux*, commune de Ste-Jalle). Les Mévouillon l'étaient, en 1293, de la Bâtie-de-la-Côte (commune de Montaulieu), de la Bâtie-Gouvernet, de la Bâtie *de Marcenno*, lieu inconnu, de la Bâtie-du-Col-de-Soubeyran (montagne sur les communes de Bellecombe, Poët-Sigillat et Pelonne)(1). En tout cas, ce dernier fief a relevé de l'Ile-Barbe. D'après l'accord de 1262, le comte de Provence ne devait rien acquérir ni retenir dans le territoire de Soubeyran (*de Czabayranis*), non plus que dans la château de Remuzat, dans son territoire et ceux de Jonchiers et de Pelonne, à moins d'avoir le consentement de l'abbé de l'Ile-Barbe. Or, il s'agit ici de *bastida Colli de Chabanis*, que Raymond de Mévouillon acquit en 1231, et de *bastida Collis Chabarini*, qu'un autre Mévouillon soumit au

---

(1) *Masures*, I, pp. 165, 172-3, 177, 192-8 ; — CHEVALIER, *Invent*. cit., II, 1242, 1252, 1315, 1326, 1368 ; — VALBONNAIS, *Hist. du Dauph.*, I, 34-8 ; II, 118, 165-70 ; — BRUN-DURAND, *Dict.* cit., p. 196 ; — Arch. de la Drôme. 2342, 2994 ; — *Cartul. de l'Ile-B.*, pp. 27, 34, 52-86, 133.

Dauphin en 1293. Ce fief, appelé *bastida Collis de Sebayrano* dans un acte de 1250, et la *Bâtie du Col de Cebeiran* en 1450, était au *Col de Soubeyran* d'aujourd'hui.

Fief de Tarendol. — Le cartulaire de l'Ile-Barbe nous apprend que, le 20 mai 1251, Raymond seigneur de Mévouillon fit hommage et fidélité à Pierre abbé de l'Ile, pour les châteaux et tènements que cette abbaye lui avait donnés en fief, notamment pour Tarendol. Nous y voyons encore que le seigneur de Mévouillon devait à la même abbaye hommage et fidélité pour la forteresse sur Tarendol (*pro fortalicio super Torrendos*, et que le seigneur de la Val d'Oze (*Dominus Vallis Oze*) devait hommage et fidélité pour les château et district de Tarendol (*pro castro et districtu Correndorii*) (1). Nous avons dit plus haut où est Tarendol.

Fief de Ban. — Ban (*castrum de Banno* en 1284 et en 1305, *Bannum in valle Bodonensi* en 1341) était un fief des Montauban situé entre Bellecombe, St-Sauveur et Lemps, vers les limites du diocèse de Sisteron avec celui de Gap. L'Ile-Barbe s'en attribuait le haut fief en 1305 (2).

X

Le diocèse de Die contenait six prieurés ou simples églises de la dépendance de l'Ile-Barbe.

Eglise de Notre-Dame. — Entre le ruisseau de Bentrix et le lieu ou s'est formé le village de St-Ferréol, existaient jadis un monastère et une église dédiée à la Sainte Vierge. Cette antique église appartint d'abord à l'abbaye de St-May ; mais, après la dissolution de celle-ci, elle fut donnée à l'Ile-Barbe, à qui Lucius III la confirma en 1183 sous le nom d'*église Ste-Marie*. Elle était certainement alors le siège d'un prieuré. Mais au xiiie siècle le village de St-Ferréol et l'église qu'on y avait construite pour la commodité des habitants, finirent par avoir de l'importance, et le

---

(1) Le cartulaire de l'Ile-Barbe nous apprend qu'en la seconde moitié du xiiie siècle, « Raymundus Chanossa et Petrus Bernionz, milites, debent homagium pro feodo de Cotiendos », à cette abbaye. (*Cartul.*, cit. p. 13).

(2) *Masures*, I, pp. 118, 180, 195 ; — Chevalier, *Invent.* cit., n. 1236, 1242, 1315 ; — Valbonnais op. cit., II, 34, 118 ; — Lacroix, *Canton du Buis*, p. 6-8 ; *L'Arrond. de Nyons*, I, pp. 114-7 ; — Brun-Durand, *Dict.* cit., pp. 17 et 98 ; — *Cartul. de l'Ile-B.* pp. 13, 26, 34, 54, 68, 133.

prieur de Notre-Dame fut appelé prieur de St-Ferréol. Cette dernière qualification lui est donnée par le cartulaire même de l'Ile-Barbe, dans les rôles contenant les redevances dont étaient chargés divers bénéficiers de l'abbaye envers les officiers et les besoins du couvent de l'Ile. Ainsi, le *prieur de St-Ferréol* faisait annuellement 2 sous pour les amandes de ce couvent, 12 deniers de cense au grand sacristain, et 5 sous au chambrier. En outre, le chantre percevait à St-Ferréol un cens annuel de six deniers viennois. Vers 1375, le *prieur du Monestier de St-Ferréol* est cotisé 22 livres 15 sous de décime papale, ce qui suppose au prieuré une importance médiocre. Les pouillés de procuration et visite de 1415, de 1419, de 1449 et de 1451 cotisent 4 florins le *prieur du Monestier de St-Ferréol*, qui ne figure pas dans les rôles de décimes de 1516 et de 1570, parce que ce prieuré fut uni à celui de St-May (au xvi° siècle), comme le constatait Le Laboureur en 1665. Cependant le quartier où s'élevait jadis le monastère et l'église Notre-Dame porte encore le nom significatif de Monestier.

Eglise de St-Ferréol. — Si, comme on ne peut guère en douter, elle fut élevée par les soins des religieux du prieuré tout voisin dudit *monastère de Notre-Dame* et plus tard *de St-Ferréol*, et desservie par eux, son érection ne doit pas être antérieure à 1183 ; autrement elle aurait figuré parmi les églises ou chapelles confirmées par Lucius III à l'Ile-Barbe. Mais, en tout cas, elle existait certainement dès la fin du xiii° siècle, puisqu'elle servait alors à désigner ce prieuré voisin lui-même, et au xiv° elle était desservie par un chapelain ou curé distinct du prieur et compté parmi ceux qui n'étaient tenus à rien, dans le rôle de la décime papale, De 1415 à 1509, ce curé devait 4 florins par an pour droit de visite à l'évêque, qui en 1475 percevait 5 sols de cense sur la cure, cotisée pour décimes 5 florins en 1516 et 18 florins 4 sous en 1570. Nous avons l'ordonnance de visite que l'évêque Gaspard de Tournon fit en 1509 dans l'église paroissiale. Entre autres articles, le prélat prescrivit d'enfermer sous le grand autel des reliques sans indication de nom de saint, et de faire un petit toit devant la grande porte pour le baptême des enfants. Aujourd'hui St-Ferréol est paroisse du canton de Nyons (1).

(1) *Masures*, I, 118 ; — *Cartul. de l'Ile-B.* pp. 174-7, 181, 286 ; — Chevalier, *Polypt. diens.*, n. 75 et 208 ; — Arch. de la Dr., pouillés de Die ; — *Bull. de la Soc. Arch. de la Dr.*, I, 53, 164-5 ; XVII, 42.

Eglise de St-Jacques d'Eyroles. — Cette église dépendit sans doute d'abord de l'abbaye de St-May; plus tard elle passa à celle de l'Ile-Barbe, à laquelle Lucius III la confirma en 1183. Son curé ou chapelain, après avoir figuré dans le pouillé de décime papale du xive siècle parmi ceux qui n'étaient pas tenus à payer celle-ci, ne figure pas dans les pouillés de la procuration épiscopale de 1415, de 1419, 1449 et 1451, ni dans les visites épiscopales de 1509. On trouve ensuite le prieuré d'Eyroles (*prioratus de Eyrolis*) cotisé 3 florins dans le rôle des décimes de 1516, et 11 florins dans celui de 1570. Cela veut dire, selon nous, que le culte divin n'avait pas lieu à Eyroles au xve siècle ni même au xvie, et que ses rares habitants, en payant la redevance prieurale, recevaient les sacrements dans une église peu éloignée d'eux. Uni au prieuré de St-May antérieurement à 1665, le prieuré d'Eyroles eut dès lors à payer le curé qu'on y trouve jusqu'à la Révolution. Eyroles est aujourd'hui du canton de Nyons.

Eglise de Chaudebonne. — Cette église, confirmée à l'Ile-Barbe en 1183, eut dès lors le service divin régulièrement. Ses curés figurent dans les pouillés des xive, xve et xvie siècles. La visite épiscopale de 1509 nous apprend que l'église était dédiée à Ste Agathe. Mais aux xviie et xviiie siècles Chaudebonne est qualifié prieuré et ses curés prieurs. Ste Agathe est encore aujourd'hui patronne de la paroisse, qui fait partie du canton de la Motte-Chalancon.

Eglise de Brusac. — La bulle de 1183 confirme à l'Ile-Barbe l'église de *Brusaco*, ce que Le Laboureur traduit par *Barsac*, en ajoutant qu'il y avait un prieuré. Nous avons Barsac près de Pontaix, mais il dépendait de Ste-Croix en Quint. Nous croyons qu'il s'agit ici de l'église de Remuzat (*de Remisaco* et *de Remusaco*), dont le prieuré était encore uni à St-May à la fin du xvie siècle, et dont le prieur a été seigneur du lieu.

Eglise de Castillon. — La même bulle confirme à l'Ile *ecclesiam de Castillone* ce que Le Laboureur traduit par *Castillon* et dit prieuré. Il ne s'agit certainement pas ici de Châtillon-en-Diois, dont l'église appartenait au prieuré de Guignaise. Nous avons vu dans l'église dite *de Brusaco* celle de l'ancien Remuzat, située au vieux village fortifié et aujourd'hui en ruines, sur la rive droite de l'Oulle. Vers 1756, on répara la chapelle des saints Michel et Eutrope, et le 19 mars 1757 on la bénit. L'acte de bénédiction constate que cette chapelle était autrefois paroisse du lieu. Quant à notre église de *Châtillon* ou *Castillon*, nous pensons que c'était celle d'une agglomération existant en 1183 au bourg actuel de Remuzat, sur la rive gauche de l'Oulle. Ce bourg n'est le chef-lieu de Remuzat que depuis 3 à 4 siècles. Il a bénéficié de l'abandon du vieux village. D'un pauvre petit châtelet (*castillio*) qu'il était très probablement au xiie siècle et qui lui aura donné son nom jusqu'au xvie, il est devenu un vrai bourg depuis la fin du xviie, sous le nom de *Remuzat*, hérité du village disparu. Aussi, dès 1737, on dut en agrandir l'église, aujourd'hui sous le vocable de S. Michel, ancien patron de Remuzat (1).

Supériorité d'Aleyrac. — Nous avons vu plus haut que le prieuré de Bénédictines d'Aleyrac, situé dans le diocèse de Die, dépendait de l'Ile-Barbe.

Fief de Remuzat. — Ce fief hommagé à l'Ile-Barbe par Raymond de Mévouillon en 1251, figure dans le contrat de cette abbaye avec le comte de Provence en 1262. Il y est dit que ce dernier y percevra une émine d'avoine sur tous les habitants, mais n'y pourra rien acquérir sans l'exprès consentement de l'abbé. Le contrat fut exécuté, dès 1304 (2).

XI

Suivent les dépendances situées dans le diocèse de Gap.

Prieuré de St-Pierre de Lemps. — Lemps (aujourd'hui de la Drôme) avait jadis un petit monastère dépendant de l'abbaye de Bodon. Vers 930, l'évêque de Gap l'unit à l'Ile-Barbe. En 971, l'empereur Conrad approuva cette union, et, en 1183, le pape Lucius III confirma à cette dernière abbaye le monastère de St-Pierre de Lemps (*monasterium S. Petri de Lent*), du diocèse de Gap. Qualifié de *maison de Lemps* (*domus Lentis* et *de Lenz*) en 1251 et de *prieuré*, cet établissement de l'Ile-Barbe avait en 1265

(1) *Masures*, p. 118 ; — CHEVALIER, *Polyptic. diens.*, 94, 209, 219; — LACROIX, *Invent.* cit., B, 597; E, 1951, 2339, 3040, 5124-57, 5249; *L'Arrond. de Nyons*, I, p. 306-10; — Arch. de la Dr., pouillés de Die ; — BRUN-DURAND, *Pouillé de Die*, p. 27-8 ; — *Dict. topogr.* cit., mots *Barsac, Chaudebonne, Eyroles*, etc.

(2) *Masures*, I, pp. 173, 177-80; — CHEVALIER, *Invent.* cit., n. 1231 ; — *Cartul.* cit., p. 61-4.

une importance prouvée par de nombreux détails donnés plus haut. Ce prieuré avait encore au xive siècle une importance considérable. Son prieur faisait chaque année 3 sous pour les bugnets à la Chambre de l'Ile, 15 sous pour les amandes du couvent, 15 sous de cense au cellérier, 2 sous pour deniers censuels au grand sacristain, 32 sous de cense au chambrier, 12 deniers viennois de cens au chantre du monastère de l'Ile. Il était porté pour 58 messes au rôle des *aumônes des pauvres*. Le communier de l'abbaye percevait de plus 15 livres viennoises par an dans le prieuré de Lemps (*in prioratu Lentis*. Plus tard, ce prieuré vide de religieux était aux mains de prieurs commendataires. Cependant, en 1514 il relevait encore de l'Ile-Barbe et le prieur Pierre Bérenger devait à ce titre 15 livres par an à l'abbé. En 1632 il était aux mains de Jacques de Paparin de Chaumont, vicaire général de l'abbé et doyen de l'Ile-Barbe, et Le Laboureur semble en parler en 1665 comme d'un bénéfice encore uni à cette abbaye (1).

Eglise de Pelonne. — Pelonne est aujourd'hui une commune limitrophe de celle de Lemps et aussi dans la Drôme. Il y avait en 1183 une église dépendante de l'Ile-Barbe. Le « prieuré » de Pelonne, « uni à Lens » avant 1665 (dit Le Laboureur), était comme lui du diocèse de Gap. L'église, non paroissiale en 1708, est aujourd'hui une annexe de Verclause.

Eglise de Tournaret. — Elle dépendait aussi de l'Ile-Barbe en 1183. Son « prieuré » ou du moins ses droits prieuraux étaient « unis à Lens » avant 1665, dit Le Laboureur.

Eglise de St-Placide. — Egalement à l'Ile-Barbe en 1183, cette église, connue plus tard sous le nom de « St-Plandis »,était ruinée avant 1665.

Eglise de Ste-Marie. — Elle était à l'Ile-Barbe en 1183 (2).

Chapelle de la Fare. — Cette chapelle (*cappella de Phara*) était à l'Ile-Barbe en 1183. La localité était encore de la décimerie et de la paroisse de Lemps aux xviie et xviiie siècles. (3).

(1) *Masures*, I, p. 118 ; — Brun-Durand, *Dict. topogr. de la Dr.*, mot *Lemps* ; — Lacroix *Invent. somm. des arch de la Dr.*, E, 5102 ; *L'Arrond. de Nyons*, I, p. 378-88 ; — *Bull. de la Soc. d'Arch. de la Dr.* I, 166-7, 272; II, 246 ; — *Cartul.* cit., I, pp. 173-7, 181, 183-286. — Guillaume, *Bénéfices du Rosanais*, p. 23.

(2) *Masures*, cit.. I, p. 118 ; — Arch. comm. de Pelonne ; — Lacroix, *L'Arrond. de Nyons*, II, pp. 209-12.

(3) *Masures*, I, p. 118 ; — Arch. comm. de Lemps, GG ; — Lacroix, *Invent.* cit., E, 5113 ; *L'Arrond. de Nyons*, I, 311-3.

Eglise de St-Michel de Durfort. — Cette église, confirmée à l'Ile-Barbe en 1183, était sans doute au lieu qu'un acte de 1277 rappelle par les mots *tenementum de Duro Forti*, et où d'autres actes de 1277, 1284, 1294 et 1334, placent un *castrum de Duroforti* ou *Duro Forti*. Ce lieu formait un fief déjà ancien. Il était encore, au moins en partie, entre les mains de Rostaing de Durfort en 1277. Il était situé dans le diocèse de Gap, vers Ste-Euphémie, (Drôme), mais près de St-Sauveur et de Bésignan, autrefois du diocèse de Sisteron. Le Laboureur écrivait en 1665 que « St-Michel de Droffort » était un « prieuré uni » au prieuré de « St-May », dépendant lui-même de l'Ile-Barbe (1).

Eglise de Cornillon. — Un historien, M. l'abbé Isnard, si bien au courant de l'histoire religieuse de la contrée dont nous parlons, compte parmi les monastères de la vallée de Bodon qui devaient leur origine à saint Marius, fondateur de l'abbaye de Bodon, « Saint-Jean et Saint-Martin de Cornillon, qui devaient porter la foi dans les villages de la vallée d'Oule », pendant que Saint-Pierre de Lens en était chargé pour la vallée du Rosannais. Nous savons d'autre part que Gérard évêque de Gap de 1010 à 1040, donna l'église de St-Martin de Cornillon (*eccles. Sancti Martini*) à l'abbaye de St-Victor de Marseille, qui la possédait encore en 1135. Le cartulaire de cette abbaye mentionne encore en 1169 *eccles. S. Mart. de Cornillon*, et en 1180 *eccles. S. Mart. de Cornilione*. Mais en 1183 Lucius III confirmait à l'Ile-Barbe les églises de Cornillon (*ecclesias de Cornilione*). Quant au prieuré, ou plutôt aux titre et droits prieuraux du lieu, qu'un pouillé de Gap de 1516 mentionne simultanément avec ceux de Cornillac (*prioratus de Cornillone et de Cornilhaco*), Le Laboureur les dit unis au prieuré de St-May avant 1665.

Eglise de St-Michel. — Il s'agit apparemment ici d'une église située hors de l'antique village de Cornillon, dont l'enceinte était formée de murailles d'une si étonnante épaisseur. En tout cas, elle fut confirmée à l'Ile-Barbe par Lucius III en 1183, et l'église paroissiale de Cornillon, située à 3 ou 400 pas du village actuel, était en 1787 sous le titre de St-Michel, qui est encore aujourd'hui patron du lieu.

(1) *Masures*, p. 118 ; — Valbonnais, II, 118 ; — Chevalier, *Invent. des dauphins en 1346*, nos 1238, 1277, 1295, 1303, 1315, 1368 ; — Brun-Durand, *Dict. cit.*, mot *Durfort*.

Chapelle de St-Jean (capella Sancti Joannis). — Elle fut confirmée à l'Ile-Barbe en 1183 (1).

Eglise de Sainte-Marie de Bariane. — Le pape la confirme en 1183 sous le nom de *Sanctæ Mariæ de Burienis*. Elle était au quartier de la commune de Cornillac, qu'un cadastre de 1700 appelle *à la Donne*, un autre cadastre, de 1767, à *Notre-Dame de Barianne*, et Cassini *à Notre-Dame*. Le Laboureur en désigne à tort la localité par *Brueil* en 1665, en lui donnant le titre de prieuré.

Eglise d'Assenac (ecclesia de Assenaco). — Elle fut confirmée à l'Ile-Barbe en 1183.

Eglise de St-Quenin (Sti Quinidii). — Elle fut confirmée à l'Ile-Barbe en 1183.

Eglise de St-Alban (Sti Albani). — Il s'agit apparemment d'une ancienne église de ce nom située au pied de la montagne de St-May, sur les bords de l'Oulle, dans le territoire actuel de Remusat. En tout cas elle fut confirmée à l'Ile en 1183.

Eglise de St-Véran (Sti Verani). — Elle fut confirmée à l'Ile en 1183.

Eglise de St-Pierre. — Elle était située dans la vallée de Bruis (*in valle Brosii*), comme les 8 églises ou chapelles suivantes, et fut confirmée à l'Ile-Barbe en 1183.

Eglise de St-Jean. — Elle fut confirmée à l'Ile-Barbe en 1183. Il s'agit apparemment d'une église située dans la partie occidentale de la paroisse actuelle de Bruis, entre les bois et la route longeant la rivière d'Oulle. Le quartier porte encore le nom de Saint-Jean.

Eglise de Ste-Marie. — Cette église, confirmée à l'Ile-Barbe en 1183, était manifestement l'église paroissiale de Bruis sous le vocable de l'Assomption et dite *Notre-Dame du Palais*. Celle-ci était située à côté de la tour seigneuriale, sur la hauteur qui domine le village. Cette église était apparemment le siège du prieuré de Bruis, dont le titulaire (*prior del Brueys, de Broxio* et *de Bruxio*) faisait annuellement 8 sous pour les amandes du couvent de l'Ile, 2 sous pour deniers censuels au grand sacristain, et 10 sous de cense au chambrier. Ce même prieur était inscrit pour 20 pauvres

---

(1) *Masures*, cit., p. 118 ; — *Bull. de la Soc. d'Arch. de la Dr*, I, 166, 271 ; II, 249 ; — Lacroix, *L'Arrond.*, cit., I, 270-2 ; — *Cartul. de St-Victor*, 844, 848, 870 ; — *Bull. Soc. d'Et. des H.-A.*, III, 383 ; — Brun-Durand, *Dict.* cit., mot *Cornillon*. — Guillaume, *Bénéfic... du Rosanais*, p. 15-6.

et 5 messes au rôle des *aumônes des pauvres*, et le chantre de l'Ile percevait 12 deniers viennois par an à Bruis. Le prieuré fut sécularisé en 1564. L'église périt pendant les guerres du xvi⁰ siècle, et en 1664 les habitants obtinrent l'autorisation d'en construire une autre dans la plaine. Cette nouvelle église, dédiée à St-Michel, fut dès lors le chef-lieu de la paroisse de Bruis, faisant partie de l'archiprêtré du Rosanais. Cette paroisse, primitivement desservie par les religieux, fut ensuite à la collation du prieur de Bruis, décimateur du lieu.

Chapelle du château (capellam de castro). — C'était la chapelle *du château* de Bruis. Il y a dans cette paroisse un lieu dit *le château*, où était peut-être cette chapelle, que Lucius III confirma en 1183 à l'Ile-Barbe.

Eglise des Tourettes (ecclesiam de Torretis. — Les Tourretes sont un quartier au sud-est du village de Montmorin et sur son territoire. Il eut jadis une église, laquelle fut confirmée à l'Ile-Barbe en 1183. Montmorin, dont la cure était à la collation du prieur de Bruis, décimateur de la paroisse, n'avait peut-être pas d'autre église à cette date (1).

Eglise de Ste-Marie de la Charce (sanctæ Mariæ de Carcere). — Près de Bruis, sur la rive gauche de l'Oulle existait dès 1152 une chapelle sous le vocable de Notre-Dame. Celle-ci était paroisse au xiv⁰ siècle ; mais en 1516 l'église et le lieu étaient de la paroisse de Bruis. Puis, l'ancienne église de Bruis ayant été remplacée par une autre plus éloignée de Ste-Marie, ce dernier lieu fut de nouveau érigée en paroisse en 1664. Si ce n'est pas là *l'église de Ste-Marie de La Charce*, confirmée à l'Ile-Barbe en 1183, il faut dire que celle-ci se trouvait encore plus rapprochée de La Charce. En tout cas *l'église de Ste-Marie de La Charce* était en 1251 dans le *castrum Sancte Marie de Carcerem* et faisait un peu plus tard 10 sous viennois de cense annuelle au chantre du couvent de l'Ile-Barbe.

Chapelle de La Charce (capella Carceris). — Cette chapelle était dans le petit village même de La Charce, bâti sur un modeste monticule et dominé par son château. Elle fut confirmée à l'Ile-

---

(1) *Masures,* cit. p. 118 ; — Roman, *Dict. topogr. des Hautes-Alpes,* pp. xxx, 35 et 159 ; — *Bull.* cit., II, 11 ; III, 142 ; XIII, 376 ; — Arch. de la Dr., E, 5086-7 ; — *Cartul.* cit., I, pp. 174-7, 181-3, 286.

Barbe en 1183, aussi bien que l'église *Sainte-Marie*, située sur son territoire. En 1665 le prieuré local était dit *de la Charce*, et aux xvii° et xviii° siècles La Charce avait son curé (1).

Eglise de St-Romain (Sancti Romani). — Cette église que Lucius III confirma à l'Ile-Barbe en 1183, était à Pommerol, commune limitrophe de la Charce. M. Isnard nous apprend qu'il y a à Pommerol un plateau dit *de Saint-Roman* surmonté jadis d'un fort « édifié sur les débris d'un prieuré monacal. » Au xiii° siècle, le prieur de St-Romain de Pommerol (*prior Sancti Romani de Pomayrol, de Pomerriolo, de Pomeroz, de Pomeyrol*) faisait chaque année 5 sous pour les amandes du couvent de l'Ile, 12 deniers censuels au grand sacristain, et 5 sous de cense au chambrier. Il était cotisé pour 6 pauvres et 3 messes dans le rôle des *aumônes des pauvres*, et le chantre du monastère de l'Ile percevait 6 deniers viennois à Pommerol, que Le Laboureur qualifie de prieuré en 1665.

Chapelle de Pommerol. — Cette chapelle fut confirmée à l'Ile-Barbe en 1183, comme l'église de St-Romain. Plus tard, le titre prieural passa insensiblement de cette dernière à la chapelle, qui devint de droit comme de fait église paroissiale. Nous y trouvons Ariey pour prieur avant 1714, et Pouillard était curé de la paroisse en 1784 (2).

Eglise de Saint-Georges. — Lazer (canton de Laragne), autrefois Château de Lazare (*castrum Lazari* en 1183, *castrum de Lazaro* en 1271 et en 1335, *Lazerum* en 1394, et Laser en 1557) avait dès 1183 l'église de St-Georges, confirmée, non à Montmajour comme l'a dit un historien récent, mais à l'Ile-Barbe. Le prieuré de St-Georges, annexé à cette église, était uni à l'évêché de Gap et supprimé quant au titre avant 1516 ; mais le titre antique était constaté en 1665 par ces mots de Le Laboureur : *Chast(eau-)Lazare, p(rieuré)*. La ferme et les ruines qui portent encore le nom de St-Georges, dans la commune de Lazer, indiquent sans doute l'emplacement de l'église et du prieuré dont nous venons de parler.

(1) *Masures*, cit. p. 118 ; — *Bull. arch. de la Dr.*, I, p. 271 ; — Lacroix, *L'arrond. de Nyons*, I, p. 193-6 et 207 ; *Invent. des arch. de la Dr.*, E. 5082 ; — Brun-Durand, *Dict.* cit., mot *Charce* ; — *Cartul.* cit. I, p. 34, 181 ; — Roman, *Tableau histor. des Hautes-Alpes*, p. 100.

(2) *Masures* cit. I, p. 118 ; — *Bull. archéol. de la Dr.*, II, p. 248 ; — Archives comm. de Pommerol ; — Lacroix, *Invent. des arch. de la Dr.*, E, 5233 ; — *Cartul. de l'Ile-Barbe*, I, p. 286.

Chapelle de Lazer (capella castri Lazari). — Située dans l'agglomération primitive de ce lieu et confirmée à l'Ile-Barbe en 1183 comme l'église St-Georges, elle devait voir disparaître celle-ci et bénéficier de sa disparition.

Monastère d'Allemont, avec les églises situées dans l'intérieur de la ville et alentour (Monasterium Alamonis, cum ecclesiis infra oppidum et circuitu constitutis). — L'ancien *Alabonte* de l'itinéraire des Vases Apollinaires, qui est l'*Alarante* de la table de Peutinger et l'*Alamonte* de l'Itinéraire d'Antonin, était pourvu d'un petit monastère sous le vocable de St-Martin antérieurement au 7 décembre 963. Ce jour-là Conrad, roi de Bourgogne et de Provence, confirmait à l'abbaye de Montmajour *cellam quam vocant Alamunto Sancti Martini*, située *in comitatu Wapinco*. En 1086 les moines de Montmajour se plaignaient au pape de ce que l'abbaye de l'Ile-Barbe s'était emparée de cette possession, et en février 1102 le monastère de St-Martin d'Allemont (*monasterium Sancti Martini de Alamonte*) était encore confirmé à Montmajour par Pascal II. Mais en 1152 le pape Eugène III ne compte plus ce monastère parmi les possessions qu'il confirme à cette dernière abbaye. Il était déjà possédé par l'Ile-Barbe, à qui Lucius III, par sa bulle du 11 mai 1183, confirme le monastère d'Allemont avec les églises situées dans l'intérieur et autour de cette ville. Aussi en 1255 un hommage de Jordan de Muyson, et de Guitaut, à l'abbé de l'Ile-Barbe, stipule que ces gentilshommes doivent payer à Pâques 2 oboles d'or au prieur du Monêtier d'Allemont (*priori monasterii Alamonis*), dont le chapelain ou curé (*capellanus*) fut témoin de l'acte. Nous avons vu les droits que le traité de 1262 donna au comte de Provence sur ce prieuré, dont le titulaire faisait aux XIIIe et XIVe siècles 3 sous par an à la Chambre de l'Ile pour les *bugnets*, 12 sous pour les amandes de ce couvent, 2 sous de deniers censuels au grand sacristain, et était inscrit pour 40 pauvres et 7 messes dans le rôle des *aumônes des pauvres* (1). De plus, le chantre du monastère de l'Ile percevait 12 deniers viennois par an à Allemont. En 1288, le prieuré s'augmentait des droits de l'ordre de St-Antoine en Viennois sur le Monêtier. En 1292, son prieur était un des religieux de l'Ile qui faisaient des statuts intéres-

---

(1) Nous croyons que ce prieur est le *prior Monasterii* et *del Monetier* qui faisait annuellement 15 sous de cense au cellérier de l'Ile et 59 sous de cense au chambrier. (*Cartul.* cit., p. 175 et 177).

sant l'abbé et ses religieux. Les prieurés conventuels diminuant, celui d'Allemont perdit sa colonie religieuse; mais il en garda, avec le nom de *Monêtier*, le titre et les droits prieuraux. Il était encore sous la dépendance de l'Ile-Barbe, quand en 1465, « Pierre de « Grolée, pourveu du prieuré d'Alamone, se fit recevoir en cha- « pitre » de l'Ile. Mais, chose singulière, du temps où Edouard de Messey était abbé de l'Ile (il siégea de 1458 à 1480), tandis que Pierre Terrail, moine de cette abbaye, était aumônier de celle d'Ainay, Antoine Terrail, son parent et abbé d'Ainay, « estoit « prieur d'Alamone, dépendant de l'Isle, bénéfice qu'il permuta « depuis contre cette aumosnerie, après qu'il eut résigné l'abbaye. » Allemont ou plutôt le Monêtier Allemont, que Claude Le Laboureur appelle *Le Moustier d'Alamon* et dit avoir le titre de prieuré, a encore gardé de son antique monastère le patronage glorieux du saint dont celui-ci avait pris le nom. Au siècle dernier l'Ile-Barbe avait encore la collation de la cure et les dîmes, et « la paroisse » était « sous le vocable de St-Martin, avec un curé à la portion congrue ». Quant aux *églises de la ville et d'alentour* dépendant jadis de l'Ile-Barbe, nous n'avons sur elles d'autre détail que leur confirmation à l'Ile-Barbe en 1183. Toutefois, outre l'église paroissiale, il y avait à Allemont en 1299 l'église de Notre-Dame des Marches (*de Gradibus*) avec un cimetière (1).

Eglise de St-Clément. — Nous connaissons, dans le diocèse de Gap, une église sous le vocable de St-Clément. Elle était au hameau de ce nom dans la commune de Trescléoux, canton d'Orpierre. Mais est-elle celle que le pape Lucius III confirma à l'Ile-Barbe en 1183, et que Le Laboureur rappelle en 1665 par les mots S(aint-)Clément, p(rieuré)? M. Roman ne le fait pas entendre dans ce qu'il dit de Trescléoux et de son St-Clément.

Chapelle de Ste-Victoire. — Confirmée à l'Ile-Barbe en 1183 (2).

Deux églises au territoire de Lardier. — En 1183, le pape Lucius III dit aux religieux de l'Ile : « *Nous vous confirmons...*,

---

(1). Arch. des Bouches-du-Rhône, mss. Chantelou, pp. 106-10, 685-701, 782-96; — *Gallia Christ*. t. I, instrum, col 103-4; — *Masures*, cit. I, pp. 118 et 228-32; — Roman, *Dict. Topogr.*, cit., pp. xxxi et 95-6; — *Tableau histor*. cit., p. 131-2; — *Cartul*. cit., pp. 21, 50, 56, 173-7, 181, 184, 283-6; — *Bull. de la Soc. d'Et. des H-A.*, I, 27, 266; V, 441-2.

(2) *Masures* cit., p. 118; — Roman, *Dict*. cit., pp. xxxii et 140; *Tableau histor*. cit., p. 156.

« *dans le territoire du château de Lardier, les deux églises que*
« *vous y avez* (in territorio castri Larderii, ecclesias duas quas
« habetis). » Mais, par un acte de 1215, les hospitaliers de St-Jean-
de-Jérusalem acquirent la seigneurie de Lardier, et, en 1235, cet
ordre transigeait avec le prieur de Lardier, à propos des dîmes de
cette paroisse. Il fut convenu que les deux parties toucheraient
ces dîmes par égales parts. Puis, peu d'années après, des difficultés
nouvelles ayant surgi, l'évêque de Gap unit le prieuré et les églises
de Lardier à l'ordre de St-Jean. Aussi Le Laboureur constate,
en 1665, que « L'Ardier » est un « p(rieuré) uni à la commanderie
« de Gap, » et l'état des biens de cette commanderie, en 1667, lui
attribue à Lardier et Valença les revenus du prieuré et le juspatronat des deux églises paroissiales, avec la dîme des grains et du
vin, qu'elle posséda jusqu'en 1789. On sait, d'autre part, que les
deux anciennes paroisses de Lardier et de Valença, qui au siècle
dernier faisaient partie de l'archiprêtré de Lardier, forment
aujourd'hui une seule commune et paroisse nommée Lardier-et-
Valença, dont le siège communal et paroissial est à Lardier. Paroisse et commune sont du canton de Tallard.

Chapelle du château de Lardier. — En même temps que les
deux églises ci-dessus, Lucius III confirma à l'Ile, en 1183, la
chapelle du château de Lardier (*et capellam castri*) (1).

Eglise de Clémensane. — Confirmée à l'Ile-Barbe en 1183, elle
était prieurale au xiiie siècle. Son prieur faisait annuellement six
sous pour les amandes du couvent de l'Ile, douze deniers censuels
au grand sacristain, dix sous de cense au chambrier. Il était cotisé
pour quinze pauvres et trois messes dans le rôle des *aumônes des
pauvres*, et le chantre de l'Ile percevait six deniers par an à Clémensane, dont les prieurs connus de nous sont : en 1255, J., probablement le même que frère J., prieur en 1262 ; en 1363, f. Jean
de Mont...; en 1406, Pierre de Rougemont. En 1665, Le Laboureur qualifie de prieuré Clémensane, dont la paroisse, jadis comprise dans l'archiprêtré d'Outre-Durance et plus tard dans un
autre plus restreint, fait depuis 1800 partie du canton de la Motte
(Basses-Alpes).

Chapelle du château de Clémensane. — Le pape Lucius III

---

(1) *Masures*, loco cit.; — Roman, *L'Ordre de St-Jean-de-Jérus. dans les
Hautes-Alpes*, pp. 18-9 et 29 ; *Dict. topogr.* cit., pp. xxxi, 84, 163 et 200 ;
— *Bull. Soc. d'Et. des Hautes-Alpes*, v, 303 et 438-9.

confirma à l'Ile, non seulement l'église de Clémensane proprement dite, mais encore la chapelle du château même de ce lieu *(et cappellam de ipso castro)* (1).

Prieuré du Pin. — Le cartulaire de l'Ile-Barbe nous apprend que, vers la fin du xiiie siècle, le prieur du Pin *(prior de Pinu* et *del Pin)* devait annuellement huit sous pour les amandes du couvent de l'Ile, et vingt sous de cense au chambrier de cette abbaye. Il nous apprend en outre que le prieur d'*Espino*, qui est manifestement le même, était coté pour trente pauvres et quatre messes dans le rôle des aumônes des pauvres. Où était le prieuré du Pin ? Comme le cartulaire ne s'éloigne guère de l'ordre géographique suivi par la bulle de 1183, dans l'énumération des bénéfices chargés de redevances envers l'abbaye, la place y occupée par le prieur en question paraît devoir nous fournir la réponse. Or, nous trouvons ce prieur mentionné d'abord entre celui de Lemps et celui du Monêtier-Allemont, ensuite entre celui de Bruis et celui de Sallonet, enfin entre celui de Tarendol et celui du Monétier-Allemont. A ce compte, le prieuré devait être dans le diocèse de Gap ou tout près. En effet, M. l'abbé Guillaume, archiviste des Hautes-Alpes, savant si autorisé pour nous éclairer et nous aider à préciser ce point, nous a appris où était le prieuré du Pin. Il était entre Tallard (Hautes-Alpes), Barcelonnette et Urtis (Basses-Alpes), tout près et sur la rive gauche de la Durance, dans le lieu appelé aujourd'hui Curbans, lequel appartient au département des Basses-Alpes (2).

Avec cela, finissent les églises et chapelles de l'Ile-Barbe situées dans l'ancien diocèse de Gap. Passons à l'indication des fiefs et droits féodaux qu'elle y eut aussi.

Seigneurie de Lemps. — Le cartulaire de l'Ile-Barbe, après avoir mentionné, parmi les nombreux feudataires de cette abbaye, le seigneur de Mévouillon, le seigneur de la Val d'Oze *(dominus Vallis Oze)*, le seigneur d'Ubaye, le seigneur de Sallonet, les seigneurs de St-Martin, le seigneur de Montauban, les bayles du château de Lemps *(bajuli castri Lenttis)*, et d'autres, ajoute que, en mai 1251, Hugues Guinanz fit hommage à Pierre, abbé de l'Ile-Barbe, pour la part du bailliage de la maison de Lemps qui

---

(1) *Masures*, loco cit.; — *Cartul.* cit., pp. 6, 21, 56, 174, 176-7, 181, 183, 286; — *Cartul. de St-Paul-Trois-Ch.*, B, f. 112 r°.

(2) *Cartul. de l'Ile-Barbe*, pp. 174, 177, 184, 286.

le concernait. Guinanz promit fidélité à cet abbé et à la maison, et reconnut tenir de cette maison tout ce qu'il avait tenu et tenait dans le territoire ou mandement de la même maison. Furent présents à l'acte : Aymon, prieur de ladite maison ; Pierre Bifard ; Pierre de Mercane ; Aymon de Montaignac ; Hugues Girbaud, moines ; le seigneur Montalin ; Pierre Giraud, curé dud. lieu ; Etienne Alcorne et plusieurs autres. Outre cet acte, fait dans la chambre du prieur, près de la porte, eut lieu le même jour et au même lieu l'hommage au même abbé par Guinand (var. Guiraud) Alaude pour la part du même bailliage concernant celui-ci, lequel promit fidélité aux mêmes abbé et maison de Lemps, avec confession qu'il tenait de cette maison tout ce qu'il avait ou tenait ; présents Pierre de Forgirolles, etc. Puis, un peu plus loin, le cartulaire fait remarquer que le seigneur de Montauban doit hommage et fidélité pour les châteaux et forteresses de Roussieux, de Linseuil et de la Fare, et pour la Bâtie d'Auban (Albani), qui doit être sous la propriété du prieuré de Lemps, mais que ce seigneur manque à son devoir (injuriatur). Nous ne savons au juste à quelle époque se rapporte ce manquement ; mais il est antérieur à 1308. D'autre part, nous avons vu qu'en 1245, Dragonet, seigneur de Montauban, fit hommage à l'abbé pour ces mêmes fiefs, et que par un contrat de 1262, exécuté vers 1306, le château de Lemps fut mis sous la suzeraineté et la protection du comte de Provence. Ajoutons qu'entre ces deux années, les droits seigneuriaux de l'Ile-Barbe à Lemps s'accrurent par la vente de droits que Pierre de Mison fit au prieur dudit lieu. Enfin, les successeurs de ce prieur étaient encore seigneurs du même lieu en 1695. Ils avaient alors comme prieurs 500 livres par an et comme seigneurs 550 livres (1).

Seigneurie de Montferrand. — De ce que nous avons déjà dit, il résulte que Montferrand, aujourd'hui commune de la Drôme, était en 1245 du haut fief de l'Ile-Barbe, et qu'en 1262 cette abbaye mit ses droits en ce lieu sous la protection du comte de Provence.

Seigneurie de la Fare. — Les notions précédentes prouvent que la Fare, aujourd'hui commune de la Drôme, était dès 1245 du haut fief de l'Ile-Barbe, et qu'en 1246 les droits de l'abbé sur les terres de Bertrand de Mison à la Fare passèrent à Dragonet de Montauban, mais avec réserve de l'hommage.

(1) *Masures* cit., p. 172-3 ; — CHEVALIER, *Invent.* cit., n°* 1252, 1276 et 1315 ; — Arch. comm. de Lemps, CC, 1-7 ; — LACROIX, *L'Arrond.* cit., I, 378-86.

Seigneurie de Roussieux. — En 1214, Dragonet de Montauban avait le château ou fief de Roussieux, et Raymond de Mévouillon y prétendait, mais en vain. En 1245, les Montauban en faisaient hommage à l'Ile-Barbe, à raison du haut fief de celle-ci. En 1305, le château de Roussieux *(Rossiacum)* est encore du fief de cette abbaye (1).

Seigneurie de Bruis. — En 1242, Raymond de Mévouillon reconnut la supériorité de l'abbé de l'Ile-Barbe sur ses châteaux de Bruis, Ste-Marie, la Charce, Jonchiers, Pelonne et Mireval. Puis, en 1251, Raymond de Mévouillon fit hommage et fidélité à cet abbé pour les châteaux de Bruis, de Montmorin et des Tourretes, les Bâties neuves, le château de Ste-Marie, la Charce même, Mireval, Pelonne, les Jonchiers, Tarendol et leurs appartenances. L'Ile-Barbe les lui avait tous donnés en fief. Plus tard, en 1261, l'abbé mit ses droits sur Bruis et sur les autres fiefs que nous venons d'indiquer, sous la protection du comte de Provence. Cependant, même après une transaction de 1269 entre l'abbé et Raymond de Mévouillon, qui dut consacrer les droits de l'abbé, Raymond vendit Bruis et Ste-Marie sans respecter le droit de prélation de l'abbé, et on voit Perseval de Bruis faire reconnaissance pour ces châteaux au dauphin Humbert Ier, ce qui donna ensuite lieu à des difficultés avec l'Ile et le comte de Provence, véritables suzerains de ces mêmes châteaux (2).

Seigneurie de Ste-Marie de la Charce. — Les détails ci-dessus nous montrent l'Ile-Barbe exerçant sur Ste-Marie de la Charce des droits semblables à ceux qu'elle avait sur Bruis.

Seigneurie de la Charce. — Sauf les faits cités à propos de Bruis et concernant la Charce, et l'acte de 1269 par lequel l'abbé de l'Ile-Barbe et Raymond de Mévouillon transigent sur la juridiction de la Charce, comme sur celle des Tourretes, de Montmorin, de Bruis, de Ste-Marie, de Pommerol, de Cornillon, de Cornillac, du Bruchet, de Clermont et de Remuzat, les renseignements que nous avons sur la seigneurie de la Charce (3) ne parlent pas de l'Ile-Barbe.

(1) CHEVALIER, *Invent.* cit., n[os] 1252, 1276, 1315, 1437; — *Cartul.* cit., pp. 27, 68, 133.

(2) *Masures* cit., pp. 172-3 et 192-6; — CHEVALIER, *Invent.* cit., n°s 1231, 1309, 1878; — LACROIX, *L'Arrond.* cit., I, pp. 137, 139; — VINCENT, *Not. hist. sur le Buis*, p. 13.

(3) CHEVALIER, *Invent.* cit., n° 1231; — LACROIX, *L'Arrond.* cit., p. 193-211.

Seigneurie de Pelonne. — Voir ce que nous en avons dit à l'occasion de la *seigneurie de Bruis*.

Seigneurie de Montmorin. — A ce que nous en avons déjà dit, ajoutons qu'au xɪɪɪᵉ siècle, le seigneur Guillaume de Montalin *(de Montaliu)*, chevalier, et Pierre Tru et Raymond Tru devaient à l'Ile-Barbe l'hommage pour Montmorin *(pro Monte Marino)*.

Seigneurie des Tourettes. — Voir ce que nous en avons dit à propos de l'*église des Tourettes* et des *seigneuries de Bruis et de la Charce*.

Seigneurie de Clermont. — Clermont est un hameau de la commune de Verclause (Drôme). Le cartulaire de l'Ile dit que le seigneur de Mévouillon devait à cette abbaye l'hommage et la fidélité pour la forteresse sur Tarendol et pour la moitié du château du Poët, ou pour le tiers du château de Clermont. Mais nos autres documents sont plus absolus et moins restrictifs. D'après eux, Clermont formait, dès 1251, un fief tenu par Raymond de Mévouillon sous la suzeraineté de l'abbé de l'Ile-Barbe. Ladite année, Raymond fit hommage et fidélité à cet abbé pour les châteaux de Clermont, Remuzat, Cornillon, Cornillac, le Bruchet, le Poët et Pommerol, avec leurs appartenances. L'acte dit que ces châteaux étaient de Raymond, mais qu'il les avait reçus en fief de l'abbé, en augmentation de fief de l'Ile-Barbe (1).

Seigneurie de Cornillon. — Reconnu à l'Ile-Barbe en 1251 par Raymond de Mévouillon, Cornillon était tenu de ce dernier en 1268 par Ysoard, seigneur de Chalencon, et faisait en 1269 l'objet partiel d'un traité entre Raymond de Mévouillon et l'abbé de l'Ile-Barbe. Enfin, en 1302, les Mévouillon vendirent au dauphin leurs droits sur Cornillon, qui, retenus par le comte de Provence à titre de prélation, furent ensuite tenus par divers seigneurs relevant du comté de Provence (2).

Seigneurie de Cornillac. — Possédée par les Mévouillon, hommagée en 1251 par ceux-ci à l'Ile-Barbe, elle fit l'objet d'une transaction de 1269 entre lesdites parties. En 1268, Ysoard, seigneur de Chalencon, reconnaît tenir le château de Cornillac de

---

(1) CHEVALIER, *Invent.* cit., nᵒˢ 1231, 1242, 1347, 1384; — *Masures*, I, p. 172-3; — BRUN-DURAND, *Dict.* cit., p. 92; — *Cartul.* cit., p. 26 et 35.

(2) *Masures*, p. 172-3; — CHEVALIER, *Invent.*, nᵒˢ 1231, 1240, 1270, 1338, 1833; — LACROIX, *L'Arrond.* cit., I, p. 270-5; — BRUN-DURAND, *Dict.* cit., p. 112.

Raymond de Mévouillon. Ce fief passa ensuite aux Ancesune aux Remuzat, etc. (1).

Seigneurie du Bruchet. — Le Bruchet *(Bruschet)*, possédé par les Mévouillon, et hommagé par eux à l'Ile-Barbe en 1251, était pour la sixième partie à Isoard de Chalancou en 1268. Objet de transaction, en 1269, entre les Mévouillon et l'Ile-Barbe, il appartenait, en 1312, aux Eynard et en 1350 aux Arthaud. Selon M. Chevalier, le fief en question n'était autre que *le Brusquet*, quartier de Ballons (Drôme); mais, selon M. Brun-Durand, il était au contraire sur les limites de Cornillon et de Villeperdrix, et il faut l'appeler *le Bruchet* (2).

Seigneurie du Poët. — Le Laboureur, dans l'acte de reconnaissance de 1251 que nous avons cité, écrit *Bruchet lo Poy* sans séparer le mot *Bruchet* du suivant par une virgule, et semble ne désigner par là qu'une localité. Mais *Bruchet* indique à lui seul la localité dont nous venons de parler, tandis que *lo Poy* indique le Poët-Sigillat, commune aujourd'hui de la Drôme, rapprochée des autres fiefs reconnus en 1251 à l'abbé de l'Ile par les Mévouillon. D'autre part, le cartulaire de l'Ile parle d'une moitié du château du Poët *(castri de Pogeto)* à hommager à l'abbaye par les Mévouillon, et en 1293 Raymond de Mévouillon indique une moitié du château du Poët *sito in valle Bodonensi* parmi les fiefs qu'il met sous la suzeraineté du dauphin Humbert Ier, comme il l'indiquera en 1317 parmi les biens donnés par lui à Jean II. Cependant, Poët-en-Percip figure pareillement en 1293 et 1317 parmi les possessions des Mévouillon.

Seigneurie de Pommerol. — Mis sous la suzeraineté de l'abbé de l'Ile-Barbe, en 1251, par Raymond de Mévouillon, Pommerol (Drôme) fait l'objet de l'accord de 1269 intervenu entre les Mévouillon et l'Ile, et, en 1272, Montalin de Pommerol fait hommage pour les château et mandement de ce nom à Raymond de Mévouillon.

Seigneurie de Vaucluse. — Le traité de 1262 portait que Charles d'Anjou, comte de Provence, donnerait *(dare debeat)* à l'Ile le fief qu'il avait au château de Vaucluse, qui est aujourd'hui un village

---

(1) *Masures*, p. 172-3; — Chevalier, *Invent.*, n°s 1231, 1338; — Lacroix, *L'Arrond.* cit., p. 266-8; — Brun-Durand, *Dict.* cit., p. 111-2.

(2) *Masures*, loc. cit.; — Chevalier, *Invent.*, n°s 1231, 1328, 1347 et p. 341; — Brun-Durand, *Dict.* cit., p. 52.

de la commune de Montjay (Hautes-Alpes). Par suite, le 29 avril 1306, l'Ile recevait l'hommage pour ce fief (1).

Voilà pour le diocèse de Gap. Passons aux églises et fiefs du diocèse d'Embrun.

XII

Eglise de St-Mamez. — Cette église, qui avait son homonyme près et hors des murs de Gap et était elle-même dans le diocèse d'Embrun, fut confirmée à l'Ile-Barbe en 1183. Le Laboureur dit S(aint-)Mamez p(rieuré), en 1665.

Eglises de Bayons. — Confirmées aussi à l'Ile en 1183, elles valurent à Bayons un petit prieuré, dont le titulaire *(prior Bayonis et de Bayons)* faisait annuellement six sous pour les amandes du couvent de l'Ile, douze deniers censuels au grand sacristain. Ce prieur était chargé de vingt pauvres et trois messes dans le rôle des *aumônes des pauvres*. De plus, le chantre du couvent de l'Ile percevait un cens annuel de dix sous viennois à Bayons *(Bayone)*. C'est sans doute à cause de ce prieuré que les exécuteurs du traité de 1262 voulurent assigner de préférence sur les château et territoire de Bayons les 50 livres coronats promis par le comte à l'abbé.

Eglise d'Autun (de Augustoduno). — Confirmée à l'Ile-Barbe en 1183, elle ne figure pas dans le cartulaire de cette abbaye; mais Le Laboureur nous assure que le *prieuré d'Austun* avait été uni à la commanderie de Gap avant 1665 (2). Il s'agit apparemment ici d'Auton ou Authon, dont la petite commanderie fut unie à celle de Gap au plus tôt dans le cours du xve siècle. Un Etat des biens de celle-ci, fait en 1667, nous dit que « le membre d'Auton, » comprenant Dromon, la Caule, Nibles, Vaumeil, St-Jean-de-

(1) *Masures*, pp. 172-3, 177-81, 191-7; — *Bullet. archéol. de la Drôme*, I, 168; V, 389-90; — Archiv. de la Drôme, E, 4837; — *Cartul.* cité, pp. 13, 26, 27, 35, 52-64, 70-1, 86-149, 174, 177, 184, 286; — Roman, *Tableau* cit., pp. 146, 165; — Chevalier, *Invent.* cité, n°s 1231, 1242, 1247, 1384, 1387; — Lacroix, *L'Arrond.* cité, I, pp. 409, 411-2.

(2) *Masures*, p. 118; — *Rev. du Dauphiné*, IV, 219-22; — *Bull. Soc. d'Et. des Hautes-Alpes*, II, 403-18; — Roman, *Dict. topogr.* cit., p. 143-4; — *Cartul.* cit., pp. 61, 174, 176, 181, 184, 286.

Pinaudier, était alors en partie aliéné (1). Authon lui-même est évidemment la paroisse de ce nom qui fait aujourd'hui partie du canton de Sisteron (Basses-Alpes).

Eglise de St-Martin. — Cette église, confirmée à l'Ile en 1183, n'est autre que celle de St-Martin, paroisse où l'on trouvait en 1307 la cour de la maison du cloître (*curia domus claustri*), et qui est aujourd'hui du canton de Seyne (Basses-Alpes).

Eglise de Ste-Marie. — Cette église, confirmée à l'Ile-Barbe en 1183, était manifestement celle d'Ubaye, où l'on trouve vers la fin du XIIIe siècle un prieur (prior de *Ubaya*) faisant chaque année au chambrier de l'Ile une cense de dix sous, et inscrit pour vingt-cinq pauvres et quatre messes au rôle des *aumônes des pauvres*. De plus, le chantre de l'Ile percevait chaque année six deniers de cens à Ubaye. Des titulaires de ce prieuré, nous connaissons Bertrand de Faucon, prieur d'Ubaye (*prior de Ubagya*) en 1305 et en 1307. Ubaye, que Le Laboureur signale en 1665 comme prieuré, est aujourd'hui une paroisse du canton de Lauzet (Basses-Alpes) (2).

Autre église de Ste-Marie. — Elle fut également confirmée à l'Ile-Barbe en 1183 (3).

Eglise de St-Pierre. — Cette église, que Lucius III confirma encore à notre abbaye en 1183, était apparemment perdue depuis longtemps par l'Ile-Barbe en 1665, puisque Le Laboureur dit S(*aint-*)*Pierre inconnu*. Il s'agit sans doute de l'église de St-Pierre, paroisse qui fait aujourd'hui partie du canton de Seyne.

Eglise de St-Domitien. — Confirmée à l'Ile en 1183, elle était inconnue pour Le Laboureur et l'est également pour nous.

Eglises de Sallonet. — Ces dernières furent encore confirmées à l'Ile-Barbe en 1183. Le lieu avait un prieuré dès 1250, année où l'abbé réglait dans une ordonnance l'emploi du revenu de 80 livres

---

(1) ROMAN, *L'Ordre de St-Jean-de-Jérus. dans les Hautes-Alpes*, pp. 26-30.

(2) Après avoir mentionné les prieurs de Bayons et de Sallonet, le *Cartulaire de l'Ile-Barbe* mentionne le prieur de *Ulma* comme devant sept sous par an pour les amandes du couvent de l'Ile. Nous soupçonnions dans *Ulma* une lecture fautive du manuscrit pour *Ubaia*, quand une pièce analogue de 1292, mise plus tard à notre disposition, nous a montré clairement qu'il s'agissait bien d'*Ubaia*, *Ubaya* et non d'*Ulma*. (*Cartul.* cité, p. 286.)

(3) *Masures*, p. 118-9; — *Cartul.* cité, pp. 52-64, 89, 137, 139, 140, 143, 177, 181, 183; — ROMAN, *Tableau histor.* cité, p. 148.

que le prieur de Sallonet avait reçues des exécuteurs testamentaires de Guillaume de Varieu et de Guillaume de Marzieu, chevalier, son frère, pour les anniversaires de ces défunts à faire au monastère de l'Ile. P., prieur de Sallonet (*de Sellone*), fut témoin en 1255 d'un hommage fait à son abbé. Ses successeurs faisaient chaque année vingt sous pour les amandes du couvent de l'Ile, deux sous viennois pour deniers censuels au grand sacristain, douze sous de cense au chambrier ; ils étaient inscrits pour quarante pauvres et sept messes au rôle des aumônes des pauvres. Le chantre de l'Ile percevait de son côté douze deniers de cens à Sallonet (1), où l'on trouvait encore, de 1305 à 1307, prieuré et cloître, prieur et religieux cloîtriers. Le prieur était alors Ponce de Guizeu, dont il a été question à propos de l'exécution du traité de 1262. « Salonet, » que Le Laboureur qualifie de « prieuré » en 1665, est aujourd'hui une paroisse du canton de Seyne (2).

Ainsi donc, l'Ile-Barbe avait une bonne part des églises de cette vallée de Seyne qui formait au sud-ouest l'extrémité du diocèse d'Embrun. Au surplus, outre ces dépendances, elle avait encore dans le même diocèse des fiefs et autres droits d'un caractère purement temporel. Indiquons-les ici, sommairement du moins.

Seigneurie de St-Martin. — Le cartulaire de l'Ile-Barbe dit que les seigneurs de St-Martin (*domini de Sancto Martino*) sont feudataires de l'abbaye, et plus loin, il explique que ces seigneurs doivent hommage et fidélité pour le château et pour le district, et que le château est *rendable* au changement d'abbé. Nous ne savons si cette indication se rapporte à une date antérieure à 1262. Mais il paraît bien que l'Ile-Barbe avait eu le fief en question avant cette dernière année ; car le traité de 1262 même entre l'abbaye et le comte parle de *restitution* du fief du château de Saint-Martin à cette abbaye ; il porte que le comte restituera et sera tenu de restituer (*restituat et restituere teneatur*) au seigneur abbé et au monastère susdit le fief du château de Saint-Martin, d'Ubaye et de Sallonet, la haute et moyenne justice de ces châteaux, et les lods et treizins que ledit comte y perçoit. En 1304, on arrêta que le traité serait exécuté. Par suite, en 1304, les nobles de St-Martin,

---

(1) Ce chantre percevait de plus six deniers viennois par an à Seyne (*Seçena*), localité attenante (*Cartul.* cit., p. 181).

(2) *Masures*, p. 119 ; — *Cartul.* cit., pp. 21, 24, 59, 62-9, 70, 84-6, 89-93, 133-5, 140-3, 163, 174-84, 286.

localité alors du diocèse d'Embrun et aujourd'hui du canton de Seyne (Basses-Alpes), firent hommage à l'Ile-Barbe; en 1305, l'abbaye en fut mise en possession. De plus, en 1307, cette abbaye y acquit de nouveaux droits.

Seigneurie de Sallonet. — D'après le traité de 1262, le château de Sallonet aurait lui aussi appartenu à l'Ile avant cette date, puisque cet acte porte *restitution* à cette abbaye *du fief du château de Sallonet*, ainsi que de la haute et moyenne justice. En suite du même traité, le 6 février 1305, l'Ile fut mise en possession de ce château et de tous les droits susdits. Sallonet, autrefois du diocèse d'Embrun, est maintenant du canton de Seyne (Basses-Alpes).

Seigneurie d'Ubaye. — Le fief du château d'Ubaye, comme celui des châteaux de St-Martin et de Sallonet, devait être *restitué* à l'Ile par le comte de Provence, en vertu du traité de 1262, et l'hommage dû à cette abbaye par les seigneurs de Sallonet et d'Ubaye se rapporte peut-être à une époque antérieure. En tout cas, par suite de ce traité, l'Ile-Barbe fut mise en possession du fief du château d'Ubaye, le 9 février 1305. Puis, des gentilshommes ayant quelques prétentions à la justice de ce lieu, il fut arrêté, en août de la même année, que la connaissance des crimes commis dans le lieu d'Ubaye serait commune aux officiers de l'abbaye et de ces gentilshommes, conseigneurs d'Ubaye, mais que la justice civile et criminelle hors ce lieu serait entièrement à l'abbaye. Ubaye, autrefois du diocèse d'Embrun, est aujourd'hui du canton de Lauzet (Basses-Alpes) (1).

Et ainsi finissent les notions que nous avons recueillies sur les colonies, églises, monastères, fiefs et autres dépendances que l'Ile-Barbe avait en Dauphiné.

(1) *Masures*, I, pp. 177, 192-4, 197-8; — *Cartul.* cit., pp. 13, 27, 53-7, 61-4, 86-132, 286.

VALENCE, IMPRIMERIE JULES CÉAS ET FILS

www.ingramcontent.com/pod-product-compliance
Lightning Source LLC
Chambersburg PA
CBHW070308100426
42743CB00011B/2401